Oceani. 39

Laura Morante
Brividi immorali

Racconti e interludi

La nave di Teseo

ISBN 978-88-934-4514-6

Prima edizione La nave di Teseo maggio 2018

Sommario

La mia amica Giovanna
Racconto

Mica l'ho fatto apposta. Anzi, avrei volentieri evitato, ma era impossibile non vederli. Erano proprio davanti a me. Luci di mezza sala, durante la pubblicità.

Giovanna è molto bionda, i suoi capelli spiccano nella penombra. Inoltre, due innamorati che si baciano mi fanno sempre un certo effetto, mi risulta difficile non guardarli. D'altra parte, loro in genere se ne infischiano di essere guardati, la discrezione non serve, non è come se guardassi un gobbo, faccio per dire, o una persona con un grosso problema di acne.

Lì per lì, sono soltanto un uomo e una donna (anzi, sul momento ho pensato *un ragazzo e una ragazza*) che si scambiano una serie infinita di piccoli baci e parole e risatine sommesse, poi un altro lunghissimo bacio che sembra che vogliano fondersi l'uno nell'altro. E invece dopo, quando si staccano, si capisce che sono assolutamente felici di essere ancora due, che lei sia lei, che lui sia lui.

Immagino i loro occhi pieni di scintille.

Insomma, è una cosa bella da vedere, non mi sento certo in colpa per questo.

Quando passa l'uomo dei gelati, lei fa:

"Scusi!" alzando il braccio, e non faccio in tempo a stupirmi perché li credevo completamente persi nel loro baciarsi e contemplarsi, che mi accorgo di aver riconosciuto la sua voce, che è grave e roca, un po' maschile, piuttosto in contrasto con il suo aspetto, quindi.

E allora, automaticamente, guardo lui, che si è girato verso il gelataio, quasi di profilo rispetto a me, ed è subito indubitabile che non è *lui*, ma un altro, con un naso più piccolo e molti più capelli.

Ora, questo crea per me un gigantesco problema.

Perché io sono amica di tutti e due; di Giovanna, certo, ma ormai anche di Walter, che è *lui*, non quello del cinema, ovviamente, ma l'altro, quello con il quale è sposata da undici anni.

Nessuna impaziente smania di pettegolezzi, dunque. Anzi, mi sento piuttosto depressa, e filo via dal cinema senza neanche aver visto la fine del film, del quale comunque mi è stato impossibile seguire la trama, presa com'ero da tutti i pensieri che evidentemente si erano scatenati nella mia testa.

Me ne vado dapprima al bar, non un bar troppo vicino, onde evitare incontri.

Mi siedo al tavolino, ordino un Dry Martini, e comincio a riflettere per vedere se mi viene in mente qualcuno con il quale posso condividere la mia scoperta, senza far danno.

La prima persona alla quale penso è mio marito.

Ho appena digitato il suo nome sul cellulare, quando mi rendo conto che, considerato il suo stretto rapporto con Walter, potrebbe non essere una buona idea.

Ma è troppo tardi.

"Ehi."

"Ciao."

"Dove sei?"

"In un bar."

E fin qui posso cavarmela senza mentire.

"Sola?"

"Sì, certo."

"Hai visto il film?"

"Sì."

"Com'è? "

"Non male."

"Tutto qui? Pensavo mi chiamassi per dirmi che era imperdibile."

"No, non mi è parso imperdibile."

"Ah."

Dovrei arginare quell'*ah* prima che si trascini dietro detriti e sporcizia, ma non mi viene niente da dire, e quindi lo lascio scorrere, con tutti i rischi che comporta.

E infatti il silenzio che segue è una coltre melmosa dalla quale le parole emergono a fatica, con circospezione.

"Sei strana."

"No, perché?"

Cambio di passo. Brusca accelerazione.

"Va bene, io ho da fare. Se non hai altro da dirmi, ci vediamo a casa," dice, e il suo tono è già inequivocabilmente ostile.

"No, senti..."

"Cosa?"

"Niente... quando torni?"

"Quando posso. Ti faccio sapere."

Siamo una coppia solida. Ciò non esclude che qualunque reticenza generi irritazione e sospetto.

È l'inestinguibile conseguenza di una mia piccola infedeltà, poco più che virtuale, quando eravamo ancora ragazzi. Stiamo insieme da diciotto anni.

Ci siamo conosciuti proprio attraverso Giovanna, che è la mia più vecchia amica.

Non ho detto *la mia più cara amica* per scelta, a ragion veduta. Le voglio bene, ma… le voglio bene? Be', tutto sommato, direi di sì.

Volendo essere proprio sincera devo aggiungere però che, se riesco a compatire, con un sentimento di solidarietà abbastanza autentico, i suoi momenti di tristezza, i suoi dispiaceri e le sue delusioni, quando si tratta di prendere parte alla soddisfazione che ricava dai suoi successi, mi è quasi sempre necessario fare uno sforzo.

C'è in lei, c'è sempre stata, una leggerezza che è totalmente estranea invece alla mia natura, un certo grado di amoralità, che assume alternativamente le forme di uno spiccato egocentrismo, di una frivola indifferenza e di uno svagato opportunismo.

Non posso insomma mai togliermi completamente dalla testa che tutte le sue vittorie siano il traguardo di un percorso almeno parzialmente scorretto, del quale un vento quasi sempre propizio, e leggero quanto lei stessa, cancella prontamente le tracce e la memoria, assicurandole l'impunità e una coscienza invariabilmente tranquilla.

Per farla breve, il mio retropensiero quando mi congratulo con lei è più o meno questo: *ancora una volta l'ha fatta franca.*

Ciò nonostante, siamo davvero amiche, e in un caso come questo, lungi dal volergliene per non avermi messa a parte della sua relazione segreta, le sono grata di non avermi imposto l'obbligo di rendermene complice.

Il caso però me ne ha fatta testimone.

Nella faccenda sono coinvolte quattro persone diversamente ignare, e a tre di loro mi lega un patto di lealtà.

È come in una partita a scacchi. Proteggi la torre e metti in pericolo l'alfiere, mangi il cavallo e ti giochi la regina. Qualunque mossa comporta un rischio per l'uno o per l'altro. Qualunque scelta diventa una presa di posizione a favore di uno di loro.

Prendo in esame tutte le possibilità.

"Ero al cinema Lux ieri pomeriggio alle cinque."

Forse Giovanna arrossisce lievemente, ma non è detto. È più probabile che prenda tempo e assuma un'aria indifferente, aspettando che io mi scopra.

"Che film hai visto?"

"Il film turco."

"Ah. L'ho visto anch'io a quell'ora. Come mai non ci siamo incontrate?"

"Sono andata via prima della fine."

"Peccato! Il finale..."

Qui la interrompo, un po' brutalmente:

"Ti ho vista. Vi *ho visti."*

Da questo momento in poi, il ventaglio delle ipotesi quanto alla piega che il nostro dialogo potrebbe prendere è troppo ampio, per ora non ho tempo di scandagliarle tutte.

Intanto la clientela del bar è cambiata varie volte.

Questo non è il genere di posto nel quale ci si trattiene molto a lungo.

Mi faccio portare un altro Dry Martini da un cameriere che lotta poco efficacemente contro la propria svogliatezza.

Passo alla seconda opzione.

"Mi hai sentita strana al telefono perché ero sconvolta."

Sconvolta non mi piace, mi pare esagerato.

"Mi hai sentita strana al telefono perché ero turbata."

Neanche *turbata* mi piace, è troppo letterario, sembra finto.

Meglio arrivarci direttamente, senza preamboli.

"Al cinema ho visto Giovanna con un uomo che non conosco, si stavano baciando."

Immaginare la reazione di Nicola (mio marito si chiama Nicola), mi riesce molto più facile.

Lui e Walter sono grandi amici.

Un'amicizia virile, franca, apparentemente senza pensieri riposti.

Inoltre, a differenza di me e Giovanna, si frequentano quasi quotidianamente. Fanno sport insieme, prendono aperitivi. Quel tipo di amicizia che ho sempre invidiato, e che esclude *per statuto*, vorrei dire, qualunque intenzione reciproca che non sia esplicitamente dichiarata, qualunque allusione, perfino qualunque opinione che non sfidi apertamente il confronto.

Si alza di scatto, rosso in viso (sul suo rossore mi sento di poter garantire), delusione e rabbia gli sconvolgono i lineamenti e, subito dopo, le sue parole diventano ingiunzioni – la cui violenza attesta la sua inflessibile determinazione a vincere la mia eventuale riluttanza a obbedire.

Potrebbe anche formularle secondo uno schema ricattatorio:

"O tu costringi immediatamente Giovanna a informare Walter, oppure vado io da lui, stasera stessa! Ti rendi conto che da questo momento, se noi non gli diciamo quello che sappiamo, i nostri rapporti saranno irrimediabilmente falsati?! Con che faccia dovrò ascoltarlo parlarmi di sua moglie?"

Il suo onesto affetto per il suo amico basterebbe forse a spiegare la veemenza della sua reazione, però bisogna anche dire che Giovanna non gli è simpatica. Un tempo erano amici.

Anzi, a dire il vero, io ho sempre pensato che in una certa epoca, prima che ci conoscessimo, lui abbia avuto un debole per lei.

Non so se c'è stato qualcosa, non gliel'ho mai chiesto, in fondo non lo voglio sapere. Ma la sua antipatia per Giovanna ha un retrogusto di rancore, o di orgoglio ferito.

Questa seconda opzione si traduce comunque in un impressionante groviglio di reciproci tradimenti.

Giovanna tradisce Walter. Tradisce anche noi e la nostra fiduciosa convinzione che il loro sia un matrimonio felice.

Io tradisco Giovanna (che ha tradito me facendomi credere di essere fedele al marito), rivelando a Nicola la sua infedeltà e lasciando che Nicola ne informi Walter.

Oppure: io tradisco Giovanna parlandone a Nicola e Nicola tradisce Walter non rivelandogli che Giovanna lo tradisce (ma mi pare altamente improbabile), fermo restando il tradimento di Giovanna verso il marito, nonché verso di noi, e verso di me in modo particolare.

Terza opzione. Io non dico niente né a Giovanna né a Nicola né a Walter.

In questo modo non si può affermare che io tradisca davvero qualcuno… o forse sì?

Comunque sia, sul mio futuro, in famiglia e nell'amicizia, grava come una pesante ipoteca la necessità di tacere, fingere e dissimulare, almeno fino a che la memoria di quanto ho visto non sia definitivamente estinta.

A conti fatti, mi pare che la prima opzione sia preferibile alle altre.

Ha un carattere di lealtà che si intona meglio al mio senso morale, e presenta il vantaggio di limitare, almeno per il momento, le mie responsabilità.

Se rivelo soltanto a Giovanna la mia scoperta, lascio a lei la scelta di confessare o non confessare a Walter la propria infedeltà, riservandomi la possibilità di condizionare il suo (di lei) comportamento con i miei consigli.

Per due volte il suo cellulare squilla a vuoto.

Finalmente, al terzo Dry Martini che mando giù trascurando la sensazione di nausea che comincia a invadermi, la sua voce spezza la neutra alternanza di suoni e silenzio.

Mi risponde affannata.

L'impressione è quella di averla infine raggiunta dopo averla ostinatamente inseguita attraverso l'intrico di vicoli di una casbah. Nell'ombra misteriosa di un androne, le ho posato risolutamente una mano sulla spalla e l'ho costretta a fermarsi e a guardarmi negli occhi.

Questa impressione è tuttavia subito dissipata dal tono allegro col quale esclama:

"Manu!" (mi chiamo Emanuela, ma quasi tutti mi chiamano Manu).

"Ciao Giovanna, ti disturbo?"

"Sì, a dire il vero sì… no, scherzo, sto tornando a casa a piedi, sono stata seduta due ore in un cinema… Vai, dimmi, ti dispiace se continuo a camminare? È urgente? Ho visto che mi hai chiamata due volte…"

"Avrei bisogno di parlarti…"

"Ah. Ma ti va bene al telefono o… Scusa un attimo."

La sento bisbigliare qualcosa attraverso numerosi fruscii, poi la sua voce è nettamente più composta, come se si fosse scrollata di dosso un sovrappiù di euforia:

"No, scusa, salutavo un amico. Dicevo: ti va bene al telefono o…"

"No, preferirei vederti."

"Roba seria allora. Possiamo fare domani?"

"Stasera hai da fare?"

Odio il ruolo che mi costringe a recitare.

Voglio dire: mi pare di averle fatto capire chiaramente che si tratta di una cosa urgente. C'è forse bisogno di obbligarmi a tallonarla in questo modo, di battuta in battuta?

"No, rimango a casa, ma devo aiutare Fabio con i compiti, e Walter dovrebbe rientrare tra un'oretta, non so cosa devi dirmi, però non avremo molto tempo."

"Sono da te fra un quarto d'ora."

"Come un quarto d'ora? Ma io stavo tornando a piedi… Va bene, prendo un taxi… Taxi! Taxi!" la sento gridare prima di chiudere la comunicazione.

***

Certo non mi aspettavo una reazione del genere.

Per prima cosa, si mette a ridere.

Una risatina sciocca, infantile, da scolaretta birichina, tutta sussulti e squittii, che, nel contrasto col timbro scuro della sua voce, produce un effetto sgradevolmente dissonante.

Poi si ricompone, e corre ad affacciarsi sul corridoio dalla porta del salotto:

"Fabiolino, tesoro, comincia a fare il dettato con Antonietta, poi vengo io e lo correggiamo insieme... Le dispiace, Antonietta? Ho bisogno di un quarto d'ora, venti minuti al massimo."

Chiude la porta e mi si avvicina, con passi da gatta.

È effettivamente arrossita un po', ma non è per niente il rossore che mi aspettavo, non mi pare che esprima vergogna o contrizione.

Emozione e piacere, piuttosto. Occhi scintillanti, labbra dischiuse.

"Oh, Manu!" dice in un soffio, sedendomisi accanto, "sono innamorata, innamorata persa!"

Segue un silenzio intriso di memorie palpitanti, dalle quali mi sento fastidiosamente esclusa.

"E che intenzioni hai?" le chiedo, senza riuscire a evitare che la mia voce assuma un'intonazione leggermente stizzosa. I suoi occhi esprimono una candida sorpresa.

"Ma non lo so! Sono felice felice felice! Così felice!"

Non posso fare a meno di visualizzare il pauroso moto rotatorio della sua quattro volte asseverata felicità, la vedo vorticare follemente sopra le nostre teste e poi puntare su di noi come un immenso meteorite, prima di abbattersi sull'appartamento, frantumando irrimediabilmente la tranquilla ritualità domestica: camicie stirate, post-it sul frigorifero, aspirapolvere, donne di servizio, compiti, dentifrici...

"E Walter?" domando, con l'intenzione di provocare almeno un parziale risveglio della sua coscienza.

"Gli voglio tanto bene," dice, con un tono di commossa gratitudine che sembra escludere qualunque torva contrapposizione fra la sua meteoritica felicità e l'affetto per il marito.

Prima che me ne vada, Giovanna riesce a strapparmi la promessa che non ne farò parola con nessuno, *Neanche con Nicola, giura!*

E io strappo a lei quella di risolversi entro un tempo non troppo lungo (contrattiamo un bel po' per arrivare a stabilire il termine di un mese) a una scelta chiara e definitiva: con Walter, rispettando l'impegno di fedeltà assunto con il matrimonio, oppure con Marcello (nel frattempo ho appreso che si chiama Marcello), pagandone coraggiosamente le conseguenze.

Con grande disagio, devo anche assistere al rientro del sempre gentile e cordiale Walter, molto festosamente accolto da Giovanna, e Fabio che gli salta in braccio, stringendo l'uno e l'altra a formare un quadretto di perfetta armonia familiare.

A me invece tocca una serata piuttosto penosa.

Per cominciare, al mio rientro trovo Nicola già a casa. Non mi ha aspettata per cenare e sta mangiando, solo, davanti alla televisione.

Noto che risponde al mio saluto senza guardarmi, senza smettere di masticare, e senza minimamente modificare la sua postura.

Nostra figlia Adele deve aver sentito aria di burrasca, ed è andata a cercare riparo in camera sua. Non appena apro la porta della sua stanza, sono avviluppata dal suo sguardo scuro e indagatore.

"Che è successo?" mi chiede dopo un momento, in tono d'accusa.

"Niente," rispondo io.

Adele scavalca quel *niente* con sprezzante indifferenza e incalza:

"Dove sei stata?"

"Al cinema."

"Con chi?"

"Da sola."

"Fareste meglio a mettervi d'accordo," mi dice con durezza.

Sto per esigere una spiegazione, quando mi intima rudemente:

"Chiudi la porta, per piacere."

Non sono mai riuscita a neutralizzare un sospetto. Il più ingiustificato dei sospetti opera su di me come un potente maleficio.

Sotto uno sguardo inquisitore, le mie labbra si torcono in un sorriso fasullo, i miei occhi sfuggono, il mio viso assume un'espressione meschina, non di rado attraversata da tic incontrollabili, sono intrappolata in una pania ignobile dalla quale non posso liberarmi.

Mi trovo precisamente in questo stato nel momento in cui vengo a sedermi accanto a Nicola, e l'esiguo spazio che lui mi lascia sul divano, astenendosi da qualsiasi movimento che possa incoraggiarmi a occuparlo, non è meno vasto di quello che io sento di meritare.

"Hai bevuto," dice freddamente, spostando lo sguardo dallo schermo al piatto, e poi di nuovo allo schermo.

"Un Martini, nel bar," ammetto in tono incerto.

Ne confesso uno solo, e i due Martini occultati già brillano sinistramente come dobloni di un bottino di pirati.

La sua breve occhiata è gelida quanto basta a farmi capire che qualunque ritrattazione sarebbe ormai tardiva.

"Ho parlato con Walter questo pomeriggio."

Traduco mentalmente l'informazione: *questo pomeriggio* significa *prima di questa sera*, non ho quindi l'obbligo di giustificare la mia non programmata visita a Giovanna, oppure forse sarebbe meglio…

"Mi ha detto che Giovanna era al cinema con te."

Le cose non stanno esattamente così, ma, calcolo febbrilmente, avallare questa versione dei fatti mi consentirebbe di tenere fede alla promessa fatta a Giovanna, e presenterebbe per me l'inestimabile vantaggio di contenere un brandello di verità al quale potrei aggrapparmi.

Lo vedo baluginare laggiù nel buio come un ultimo autobus in avvicinamento nella notte. Salirvi in corsa ed essere di nuovo al caldo, al sicuro, diretta verso una destinazione familiare.

Certo, perché no?

Al cinema c'eravamo davvero tutte e due, in fondo; i baci e Marcello sono elementi incidentali che possono essere cancellati, almeno per il momento, senza guasti apprezzabili.

"Ci siamo incontrate lì," rispondo, in affanno.

Nel silenzio che segue le porte si richiudono, lasciandomi a terra.

Dal buio emergono forme inquietanti.

“E poi sei andata a bere un Martini. Da sola.”

“Non da sola, con...”

“L’hai detto tu.”

Quando?

Non mi ricordo cosa ho detto. Forse è una trappola. Forse posso insistere.

“Sono andata con Giovanna in un bar da quelle parti, e poi...”

“Sei patetica,” mi interrompe Nicola, alzandosi e lanciando rabbiosamente il tovagliolo sul tavolino basso.

Ogni volta che mi sento in colpa faccio le pulizie. Metto in ordine e lavo i piatti con particolare accuratezza. Anzi, direi perfino, con appassionato fervore.

In quei momenti mi sento capace di strofinare una maniglia molto a lungo. Vale a dire, grossomodo, fino a che il suo riconoscente sfolgorio non mi abbia restituito una congrua porzione di autostima.

Questa volta, tuttavia, quando mi stendo accanto a Nicola, completamente esausta, verso le due del mattino, molti pensieri intralciano il recupero di una dose di serenità sufficiente a rendere possibile il sonno.

Nicola sta dormendo, o forse finge di dormire, rannicchiato all’estremità opposta del letto, con la schiena stizzosamente rivolta verso di me.

La nostra stanza è totalmente immersa in un’atmosfera di minaccioso rancore.

È una situazione dolorosa, certo; tuttavia, ragionandoci sopra con ponderatezza, riesco a rendermi conto che presenta almeno un aspetto positivo, nel senso che difficilmente potrà sfociare in tempi brevi in uno scontro diretto, per il quale non sono ancora pronta.

Io, in generale, non sono una persona impulsiva, tendo a riflettere prima di agire, e in un caso così spinoso una dilazione mi è quanto mai necessaria.

Penso.

Prima di tutto, tento di ricordare.

Gli ho davvero detto che ero da sola al bar?

Può darsi, ero distratta da altri pensieri in quel momento, per questo non riesco a rammentarmene.

Ma se io dubito di me stessa non è impossibile che, affermando con decisione che ero invece con Giovanna, io riesca a indurre lui a dubitare di aver sentito quello che dice di aver sentito.

Perché mai quella mia presunta affermazione nel bar (che io fossi lì da sola) dovrebbe essersi impressa così tenacemente nella sua memoria da rendere impossibile sradicarla?

Forse perché era la mia incauta risposta a una sua domanda già impregnata di sospetto?

In questo caso, però, io potrei appellarmi a una mia distrazione, forse ho risposto senza aver messo a fuoco la domanda, forse pensavo ad altro… *ah, ora mi ricordo: il cameriere, un tipo piuttosto maleducato, stava servendoci da bere su un tavolo ancora ingombro dei resti di precedenti consumazioni, e io, mentre parlavo al telefono, tentavo a gesti di fargli capire…* potrei dire qualcosa del genere.

D'altra parte, sarebbe sempre più credibile di quanto risulterebbe una mia ritrattazione di quello che ho detto stasera in salotto, e cioè che io ero con Giovanna.

Questo sì me lo ricordo perfettamente, e certo lui non può averlo dimenticato.

Conviene senz'altro attenersi a questa versione.

Non soltanto per lealtà verso Giovanna, ormai.

Una bugia ostinata è spesso più convincente di una verità non verosimigliante.

Devo assolutamente tenere conto del fatto che Nicola non crede che io fossi sola.

Ovviamente, non crede nemmeno che io fossi con Giovanna.

Ma, mentre il mio essere stata con Giovanna sarebbe supportato da Giovanna stessa, la verità (che io fossi sola) non sarebbe supportata da nessuno...

Sento Nicola russare (forse per finta), e vedo bene quello che può avere immaginato: ero con un uomo, magari addirittura a casa sua.

Lui aveva ormai quasi vinto la mia fragile resistenza con qualche drink a forte tasso alcolico, quando uno scrupolo, un ultimo timore mi hanno indotta ad alzarmi e ad appartarmi, vacillando, per telefonare a lui (a mio marito) e prevenire così una sua chiamata che sarebbe potuta arrivare in un momento quanto mai inopportuno.

Una telefonata cinicamente strategica, resa però inefficace dal mio evidente imbarazzo e dalla mia incapacità a esprimere un qualunque commento sul film che pretendevo di aver visto.

A questo punto della mia riflessione, un pensiero secondario me ne distoglie.

Io mi trovo in un complicato labirinto.

La mia lealtà verso Giovanna rende impraticabile la strada semplice e diretta della sincerità.

In un modo o nell'altro, devo mentire a Nicola.

Mentre Giovanna, che ha mentito a Walter, può incamminarsi tranquillamente lungo un percorso libero da ostacoli che io stessa ho, senza volerlo, contribuito a rendere più agevole.

Walter non mi ha infatti trovata a casa sua, rientrando senza sospetto dal lavoro?

Così come era naturale che fosse, visto che, secondo quanto gli ha detto Giovanna, abbiamo trascorso il pomeriggio insieme.

Inoltre, a differenza di me, Giovanna sarà probabilmente in grado di rispondere con sufficiente pertinenza a ogni domanda che Walter volesse porle a proposito del film, che lei avrà comunque almeno intravisto, nell'intermittenza dei baci, e del quale io invece non ho neanche visto la fine.

Eccolo, il venticello amichevole che spazza via le tracce del suo sconsiderato egoismo.

Vado oltre.

Supponendomi infedele e bugiarda, a che cosa Nicola potrà attribuire la menzogna che Giovanna ha detto a Walter (che io fossi con lei al cinema) se non al suo schietto sentimento di amicizia nei miei confronti, e dunque a un comprensibile desiderio di proteggermi, coprendo la mia infedeltà?

Ma per quale motivo io non avrei detto subito a Nicola che sarei andata al cinema con Giovanna?

Forse mi è sembrato meno rischioso dire che sarei andata da sola, forse…

Ma sì, dire che eravamo insieme è stata di sicuro un'iniziativa di Giovanna, presa sventatamente, senza mettermi al corrente per tempo, ed ecco che io ho vanificato la sua soccorrevole invenzione con un'altra invenzione, di qualità troppo scadente, però, per ingannare un ascoltatore accorto come Nicola.

Sì, ma anch'io potrei usare la mia incontestabile presenza a casa di Giovanna, *chiedi, chiedi pure a Walter se non è vero che mi ha trovata lì*, come un argomento a sostegno della versione accreditata da Giovanna stessa, e ormai fatalmente divenuta imprescindibile anche per me, e cioè che abbiamo passato insieme il pomeriggio, prima al cinema, poi al bar, e infine, com'è del tutto naturale, a casa di Giovanna…

Mi rendo conto immediatamente che questo non varrebbe a scagionarmi, anzi.

Il sospetto che mi ha braccata fin qui, mi scoverebbe anche nel salotto del confortevole appartamento dei nostri amici: certo, essermi fatta trovare dall'ingenuo Walter a casa loro apparirebbe al diffidente Nicola come un modo odiosamente spregiudicato di costituirmi un alibi.

Inoltre… Giovanna… e se… però…

Mi addormento all'alba senza aver trovato una via d'uscita. Nessun filo d'Arianna è scaturito dalle mie confuse riflessioni.

E quando mi sveglio, verso mezzogiorno, il mio umore è fosco, e Nicola è uscito senza neanche salutarmi.

***

"Manu..."

La voce di Giovanna ha un tono di cospirazione che mi mette subito in allarme

"Sei sola? ti posso parlare?"

"Prima parlo io."

"Va bene, ma fai in fretta, ho pochissimo tempo, sono fuori con Walter, mi sono allontanata un attimo con la scusa..."

La interrompo e dico con rabbiosa precipitazione:

"Ho passato una serata e una nottata infernali, Walter ha detto a Nicola che tu e io eravamo al cinema insieme, e invece io gli avevo detto che andavo sola, e il risultato è che lui adesso pensa che..."

"Sì sì lo so, te lo volevo dire, ma poi mi è passato di mente. Comunque è tutto a posto, perché Walter ti ha trovata a casa rientrando e quindi può testimoniare... Arrivo!" grida, presumibilmente a Walter.

Poi, a voce di nuovo bassissima:

"Senti, veloce veloce, poi ti spiego meglio, io oggi ti accompagno dal dentista, ok?"

"Dal dentista?"

"Dal dentista, sì," mi risponde impaziente, "perché tu non vuoi andarci da sola... alle cinque, va bene? Gli dico che è una cosa lunga, non so a che ora finiremo..."

Cambiando improvvisamente tono:

"Non posso, Manu, ho promesso a Walter di andare con lui a scegliere un nuovo televisore... ma dai! Paura di che? Non sei mica una bambina..."

Afferro finalmente il senso di quello che sta dicendo:

"Giovanna! Non ti azzardare..."

Annaspo, mi dibatto, per non venire travolta dall'impressionante onda d'ira che sta montando, montando, che mi soffoca e quasi mi impedisce di parlare.

Giovanna ne approfitta per proseguire:

"Va bene, Manu, ci provo, non ti prometto niente, ma ci provo... alle cinque, va bene, se posso..."

Non so cosa ne direbbe un analista, non sono mai stata da un analista, odio parlare di me stessa.

Cioè, voglio intendere, mi chiedo cosa direbbe un analista di questo.

Giovanna ha appena riattaccato, senza darmi il tempo di replicare; richiamo, faccio squillare. Inutilmente.

La rabbia sale, mi tremano le dita. Per un attimo sono tentata di chiamare Walter.

Eccolo qui, *Walter*, e, tra parentesi, *Giovanna* (anche il nostro tappezziere si chiama Walter).

Il mio indice cala in lenta picchiata sul suo nome.

Si ferma a pochi millimetri dal display. Vibra. Plana...

Non posso fare questo, non posso.

È profondamente contrario ai miei principi.

Chiamate effettuate. Giovanna. Giovanna. Adele. Adele. Giovanna. Tutte senza risposta.

Nicola 13:10. Nicola 13:31. Nicola 13:32. Nicola 14:42. Nicola 15:08. E fanno cinque.

Senza risposta, naturalmente.

Che faccio? Ci provo? Chiamo ancora? Devo parlarci, devo spiegargli. Chiamo? Sì, chiamo. Staccato.

Non disponibile al momento.

Posso mandargli un messaggio.

Così, senza parlarne a Giovanna? Senza prepararla? Senza darle la possibilità di… che m'importa?

Peggio per lei. Forse che lei si è fatta scrupolo di tirarmi dentro questa storia?

Sì. No. Sì. No…

No, no, non ce la faccio.

Anche questo è contrario ai miei principi.

Devo avvisarla. Così, giusto avvisarla, mica chiedere il suo parere, ovviamente.

Tanto al telefono non mi risponde.

Meglio così. Per sms. Per sms è la cosa migliore.

Digito febbrilmente sui tasti:

Basta, Giovanna, la situazione è insostenibile, dico tutto a Nicola, poi premo INVIA.

E mi accorgo, un istante troppo tardi, che ho inviato il messaggio… a Nicola.

Vedo confusamente una donna con uno strano cappello (mi trovo in questo momento all'incrocio di due strade, a pochi passi da casa), un albero senza foglie, e un gabbiano protervo che atterra su un cassonetto.

Il cellulare si spegne.

Blackout.

"Ha chiamato Giovanna," mi dice gelida Adele incrociandomi nel corridoio, "ha detto niente dentista. E di chiamarla, che poi ti spiega."

Non mi guarda, ma nel suo tono c'è una dose di veleno che mi lascia senza fiato.

"Non sapevo che avessi problemi di denti," aggiunge, perfida, prima di infilarsi nella sua stanza.

"No, infatti, è Giovanna che..." balbetto alle sue spalle.

"Lascia perdere, vai a spiegarlo a papà," mi dice, sbattendo la porta.

Lo trovo in camera nostra, impegnato a scegliersi una camicia pulita.

Constato con sollievo l'assenza di altri indumenti, valigie aperte, biglietti, chiavi e altri indizi di un imminente addio.

"Nicola..." dico.

L'intonazione ferma che ho inteso conferire alla mia voce sorregge a malapena le due prime sillabe, la terza frana rovinosamente, trasformando l'incipit di un'orgogliosa autodifesa in una miserevole implorazione.

"Rimandiamo le spiegazioni a più tardi, siamo invitati a cena da Walter e Giovanna..."

"Da Walter e Giovanna?"

"Sì. Mi dispiace, dovrai affrontare anche questo," risponde con spaventosa calma, abbottonandosi i polsini.

"Senti, ho provato a chiamarti cinque o sei volte..." gli dico, inseguendolo nell'ingresso.

"Ho lasciato il telefono in ufficio, vado a recuperarlo," mi risponde seccamente. "Ci vediamo da Walter," dice, aprendo la porta di casa.

"Alle otto," aggiunge, richiudendo la porta.

E sento che quella precisazione contiene un'implicita minaccia.

***

Non credo di dovermi giustificare per questo.

Chi non avrebbe fatto la stessa cosa in un caso analogo? Ammesso che sia mai esistito un caso analogo.

Ho bevuto tre Dry Martini, prima di salire da Giovanna. Può darsi quindi che le mie impressioni iniziali siano leggermente falsate.

Arrivo con un ritardo di un quarto d'ora e sono tutti già lì a sorseggiare aperitivi e masticare noccioline.

Dalla nebbia emergono: incomprensibili cenni d'intesa da parte di Giovanna; occhi di Walter che mi scrutano con intollerabile gravità; il suo braccio che circonda protettivamente le spalle di Nicola.

Il quale non mi guarda.

Non mi guarda.

Non mi guarda.

Poi, mi guarda.

Uno, due, tre, quattro secondi.

Questo avviene mentre gli altri due sono in cucina.

Non so come possa tecnicamente accadere, ma lo sguardo di Nicola, fisso su di me durante quattro secondi di straordinaria densità, designa nello stesso tempo, imperiosamente e significativamente, la direzione del taschino della sua giacca, dal quale fuoriesce il suo telefono cellulare.

Dalla bruma spessa dei tre Dry Martini emerge con lugubre bagliore l'sms destinato a Giovanna:

La situazione è insostenibile, dico tutto a Nicola.

Ho appena il tempo di veder balenare il senso che quello sciagurato messaggio può aver assunto per Nicola, quando Giovanna e Walter rientrano in salotto con vino e vivande.

Strana atmosfera.

Nicola e io non ci rivolgiamo la parola.

Walter e Giovanna paiono invece costantemente impegnati a contenere la traboccante esuberanza della loro felicità coniugale, probabilmente per non umiliarci.

E Antonietta, che ci serve a tavola, soppesa di sottecchi, con composta soddisfazione, l'inestimabile vantaggio del quale ha la fortuna di godere, lavorando per una coppia così meravigliosamente affiatata.

A un certo punto, comunque, Giovanna riesce ad attirarmi fuori dal salotto, col pretesto di fare un saluto a Fabio, che ci reclama entrambe nella sua camera da letto.

"Che cosa hai detto a Nicola?" mi chiede concitatamente in corridoio.

"Ancora niente, come puoi vedere, ma questa sera sono assolutamente decisa..."

"Oddio, meno male!" esclama con sollievo, senza rilevare minimamente il tono amaro della mia risposta. "Io invece ho dovuto parlare con Walter..."

"Hai parlato con Walter?" le chiedo incredula.

"Non gli ho detto di Marcello naturalmente," si affretta a spiegare, "ma ho dovuto dirgli che non eravamo insieme al cinema."

"Tu gli hai detto questo?"

"Gli ho detto che ero lì da sola, sì. Cioè, che inizialmente gli avevo mentito. Non ho potuto fare altrimenti. Pare che Nicola abbia scoperto che tu non c'eri. È quello che ha detto a Walter"

"Che io non c'ero! Ma tu sai benissimo che io c'ero!"

"Be', l'ho saputo soltanto dopo, quindi, in un certo senso..."

"Cioè, tu mi hai smentita, dopo che io, per non sbugiardare te..."

"Ma io ho creduto che glielo avessi detto tu! Soltanto dopo ho capito che Nicola c'era arrivato da solo, ma ormai era tardi, come facevo a cambiare versione? Pare che Nicola abbia chiamato il cinema per sapere a che ora era finito il film, e siccome tu gli avevi telefonato quasi venti minuti prima della fine, lui ha fatto due più due, e ne ha dedotto..."

"Giovanna, ti rendi conto della situazione nella quale mi hai messa? Io rischio di veder affondare il mio matrimonio, senza avere nessuna colpa, se non quella di aver voluto tenere fede a un'ignobile promessa che tu mi hai estorto per poter fare i tuoi comodi..."

"Non ti ci ho messa io in questa situazione!" mi risponde in tono piccato. "Io ho solo detto a Walter che andavo al cinema con te, e certo lui non si sarebbe mai sognato di mettersi a indagare se tu..."

"Se io non fossi andata al cinema?"

"No! Se tu non avessi destato i sospetti di Nicola dicendo prima una cosa e poi un'altra!"

"E come potevo indovinare che avrei dovuto dire che ero al cinema con te? E comunque sai benissimo che odio mentire, e che non lo avrei mai fatto se tu non avessi..."

"E poi c'è stata la storia del tappeto."

"Quale tappeto?"

"Quando sei entrata come una furia, Antonietta stava passando …"

Oddio, è vero.

L'avevo completamente dimenticato.

Ma che importanza poteva avere in quel momento?

Entrando da Giovanna ieri sera, avevo travolto Antonietta, che stava portando non so dove una bottiglia di non so cosa, e il contenuto della bottiglia si era rovesciato sul tappeto.

Questo aveva provocato lì per lì qualche rammaricata esclamazione e poche parole di scusa, ma cos'era un tappeto macchiato a paragone con la scoperta che avevo appena fatto?

Come potevo sapere che…

"… fatto sta che Walter più tardi se n'è accorto e ha rimproverato Antonietta, e allora Antonietta si è difesa dicendo che tu l'avevi urtata entrando, e quindi a quel punto era chiaro che non eravamo insieme, e così, dopo che Walter ha parlato con Nicola, naturalmente cercando di rassicurarlo, puoi starne certa, anche lui ha fatto due più due…"

Tutta questa gente che fa due più due approdando a risultati così assurdi è una cosa che mi fa girare la testa.

E questo a prescindere dai tre Dry Martini, che ormai sono completamente smaltiti.

"Non sai com'è stato difficile, ho dovuto veramente arrampicarmi sugli specchi per scagionarti."

Per scagionare me! Questo è davvero il colmo.

"Sì, perché a quel punto che cosa poteva pensare Walter, se non che io avessi detto che andavo al cinema con te, per proteggerti, per fornirti un alibi…"

Già, che altro poteva pensare Walter?

"Speravo di poterti vedere da sola," aggiunge con improvvisa dolcezza, "ma la cosa è andata per le lunghe, e inoltre Walter aveva avuto quest'idea della cena, perché ieri aveva visto Nicola così abbattuto, e tu sai quanto gli vuole bene. Ora dobbiamo assolutamente vederci per concordare una strategia, altrimenti rischiamo di contraddirci, capisci?"

"Giovanna, forse non ti è chiaro, io non voglio concordare nessuna strategia. Voglio dire la VERITÀ! So che questa parola per te non ha alcun senso..."

"Non capisco perché vuoi offendermi, ho fatto il possibile per difenderti e tu..."

"Per difendere me?!"

"Certo," mi dice con voce piagnucolosa. "Tu non ti rendi conto che ormai, al punto in cui sono le cose, non possiamo più dire tutta la verità..."

"Giovanna..."

"Non ti chiedo più un mese, Manu," dice, scandendo solennemente le parole, "ti chiedo un giorno! Potrai concedermelo un giorno!"

"Giovanna..."

"Ne parliamo domani," aggiunge in fretta, avviandosi verso il salotto, "prima del dentista..."

"E allora, fallo," mi intima duramente Nicola, non appena entriamo in macchina.

Mi ci vuole qualche secondo per capire che sta rispondendo al mio sms, *dico tutto a Nicola*, ho scritto.

"Il messaggio non era per te," rispondo stupidamente.

Mi guarda come ampiamente merito che lui mi guardi.

"Mi stai prendendo in giro?"

"No, voglio dire che..."

"Che il diavolo non fa i coperchi? Lo so, è un vero peccato, ma che ci vuoi fare..."

"No, voglio dire che è una cosa che non riguarda noi, cioè non riguarda me..."

"Ah, no? E chi riguarda," mi chiede in tono sarcastico.

"Riguarda... Giovanna."

Forse è una mia impressione, ma mi pare di vederlo arrossire.

Potrei sbagliarmi, certo, non c'è che la luce giallastra di un lampione.

E poi, subito, quella dell'accendino con il quale si accende nervosamente una sigaretta.

Non so bene come interpretare il breve silenzio che segue. Nicola sembra concentrato in un pensiero, come uno che stia compiendo mentalmente un calcolo piuttosto complicato.

Il risultato coincide probabilmente con il bilancio previsionale, perché la successiva battuta è detta in un tono nettamente più disteso.

"Per quale motivo dovresti voler dire a me una cosa che riguarda Giovanna?"

"Perché tu non mi credi."

"Che cosa non credo?"

"Che io ieri..."

"Che tu sia andata al cinema? No, non ci credo. Ma non sono così presuntuoso da affidarmi unicamente alle mie impressioni. E quindi ho fatto una verifica. *So* che non sei stata al cinema."

"Ma io ci sono stata, solo che..."

"Raccontami il film. Dai. Non la trama che ho letto anch'io sul giornale. Il film come tu l'hai visto. Fammi divertire."

"Ma io non mi sono divertita, perché..."

"Perché non l'hai visto."

"Non l'ho guardato! Non ho potuto..."

"Perché non eri al cinema!" urla, gettando la sigaretta ancora accesa dal finestrino. "Ti dò un'ultima possibilità, Emanuela, e ti giuro che è l'ultima! Partiamo da qui: tu non sei andata al cinema, e io lo so, perché hai fatto la sciocchezza di chiamarmi venti minuti prima che finisse il film! Inoltre sapevi di alcol, inoltre mi hai mentito, inoltre ti sei contraddetta, inoltre..."

"Sì, ti ho mentito, ma soltanto perché..."

"Perché...?"

Io lo so che è insensato, ma, nonostante tutto, non posso tradire la promessa fatta a Giovanna.

Non posso, è più forte di me.

Io non posso assolutamente tradire una promessa!

Io ho dato il biberon a una bambola, perché l'avevo promesso ad Adele, che aveva solo tre anni!

L'ho fatto! Giuro che l'ho fatto!

Ero sola in casa e mi sentivo molto stupida, ma non potevo non farlo!

Ed ecco dunque dove mi trovo adesso.

"Dammi tempo fino a domani, ti prego," gli dico in tono implorante.

"Tempo perché tu possa escogitare una bugia più plausibile?"

"No! Tempo perché io possa dirti la verità."

"La verità non ha bisogno di tempo. Scendi!" mi fa, aprendo la portiera.

"Nicola, per favore..."

"Scendi, ho detto! Prenditi un taxi. E vai all'inferno!"

In che misura la mia posizione si sia ulteriormente aggravata lo apprendo il giorno dopo da Giovanna, mentre siamo in una pasticceria *che fa degli ottimi bignè*, come lei ha entusiasticamente precisato quando mi ha fissato l'appuntamento.

Non siamo tutti uguali a questo mondo, e Walter, che ha incontrato Nicola a mezzogiorno sotto l'ufficio, si è lasciato sfuggire quasi subito, *malgrado davvero non ne avesse l'intenzione*, che... *effettivamente, sì...* anche lui aveva saputo per caso dalla domestica che io non ero con Giovanna quel pomeriggio, *perché, per l'appunto...* eccetera eccetera.

Dopo aver cercato inutilmente di tamponare il comprensibile risentimento di Nicola nei miei confronti con frasi vagamente consolatorie, *è improbabile che una piccola bugia nasconda un grande misfatto... comunque sarà una cosa passeggera... siete una così bella coppia*, e via dicendo, Walter è tornato a casa assetato di dettagli che Giovanna ha subito dichiarato non essere in grado di fornirgli.

Ma poi, "... capisci anche tu che a un certo punto non era credibile, lui sa che siamo molto amiche, e quindi qualcosa bisognava per forza che io sapessi. Ho detto il minimo indispensabile, naturalmente, solo cose vaghe, che forse avevi conosciuto qualcuno, ma che di sicuro non era una cosa seria, e che avrei potuto giurare che ancora non c'era stato niente di concreto, e poi ho insistito molto sul fatto che so per certo che tu ami Nicola e che non vorresti mai mettere in pericolo il vostro matrimonio; insomma ho fatto tutto quanto era in mio potere fare per rimediare a questo incredibile imbroglio…" mi dice, chiedendomi con gli occhi il permesso di mangiare anche il mio bignè, che io ho lasciato intatto sul piattino.

Dopo di che, *deve immediatamente scappare dal dentista, ma sarà l'ultima volta, bisogna assolutamente che spieghi a Marcello che la cosa non può più andare avanti, anche se lo ama, lo ama, lo ama, lo ama, Dio come lo ama.*

Non è stata l'ultima volta.

Ovviamente, non sempre dentisti.

Sarti, shopping, parrucchieri.

Una volta anche uno stage di yoga, fuori città, un lungo weekend, dal giovedì alla domenica.

Ma la domenica, *purtroppo*, ha perso il pullman, perché si era attardata presso una bancarella dove aveva visto *qualcosa di molto carino per Fabio,* che poi però non ha comprato, *perché, a guardarlo da vicino, era proprio una calia, fatta in Cina, magari con materiali tossici*; e quindi *era dovuta* rientrare il lunedì, *felice, felice, felice*, almeno tre o quattro volte felice, e nessun meteorite si è mai abbattuto sul suo matrimonio che anzi va a gonfie vele e suscita grande ammirazione.

Il mio invece è naufragato.

A un certo punto mi sono arresa.

Ho completamente rinunciato a orientarmi entro la vertiginosa cattedrale di menzogne che Giovanna ha continuato a edificare, molte delle quali implicavano, ovviamente, la mia, dapprima recalcitrante, e infine indifferente connivenza.

Mi consola, in tutto questo, l'affettuosa solidarietà di Adele.

Anche se non ha mai saputo le mie ragioni, non ha potuto non rendersi conto che la mia presunta relazione non esisteva.

Credo, anzi, che a un certo punto abbia cominciato ad augurarsi che ci fosse davvero.

Mi guarda con grande tenerezza, e più di una volta ci siamo trovate a lustrare la casa insieme, freneticamente, da cima a fondo, fino a tarda notte.

I suoi rapporti col padre si sono invece molto raffreddati.

Soprattutto da quando lui si è messo con Sandra, che canta con una bella voce di contralto ma, a parte questo, non è molto simpatica.

In capo a sei o sette mesi, la storia fra Giovanna e Marcello è finita.

Ho dovuto riconfortarla due o tre volte, ma si è ripresa rapidamente, e direi anche molto bene.

È di nuovo di un umore frizzante e, come dice lei stessa, si sente pronta a far danno in giro.

Non vi sono state conseguenze sulla sua vita coniugale, come ho già detto, se non forse che ha momentaneamente perso un po' di smalto, un po' di brillantezza.

***

Oggi la incontro in un caffè sul molo, quasi sospeso sul mare, che è piuttosto inquieto per la stagione.

È una giornata di primavera, tiepida, ma insolitamente ventosa.

Ciò nonostante, Giovanna insiste per sorseggiare qualcosa all'aperto, *perché sarebbe un crimine non approfittare di un po' di sole caldo dopo che lo abbiamo aspettato tutto l'inverno.*

Chiacchieriamo del più e del meno. Per quel che si può, tra una folata e l'altra.

Poi, non so bene come, riesce a trascinarmi a parlare di Nicola, il quale, secondo lei, meritava qualcosa di meglio di Sandra, *con tutto che non si può negare che abbia davvero una bellissima voce*, dice.

E aggiunge:

"Lui è ancora un gran bell'uomo… d'altronde," urla, per contrastare il vento, che si è levato adesso fortissimo, "non credo che debba più essere un segreto…"

Vedo le sue labbra muoversi, afferro ancora qualche frase:

"… la prima volta eravamo ragazzi…"

Intravedo, fra lo svolazzare del suo ampio foulard, il suo sguardo furbo. Ma, benché si sporga in avanti e alzi ulteriormente la voce, delle sue successive parole non mi giungono che pochi brandelli incoerenti, dei quali non mi curo di ricostruire il senso:

"… veramente forte… riaccendersi… cinque anni fa… perso un po' la testa, però lui… e Walter… profondo affetto… te lo giuro… una coscienza… rottura, anche se… difficile ma necessario, perché… e io… non si tradiscono gli amici," conclude, con un tranquillo sorriso.

E qui si placa il vento.
Forse, ancora una volta è lei che intendeva favorire.
Ma io, sentitamente, lo ringrazio.

Istruzioni per superare le vecchiette

Interludio

Può capitarvi di dover superare per strada una vecchietta.

Poniamo che sia sera e che voi stiate camminando a passo rapido, lungo una via della città.

Non siete i soli ad avere fretta; tutto intorno a voi, molta gente è protesa verso qualche appuntamento, la fermata di un autobus, la propria macchina, o la propria casa.

Per quanto vi riguarda, vi aspetta una serata in famiglia, con la compagnia di alcuni amici.

I negozi stanno per chiudere, e voi dovete ancora comprare vino e formaggi per la cena.

Siete quasi in vista del negozio di generi alimentari verso il quale state andando, quando vi vedete costretti a rallentare il passo, perché davanti a voi c'è una vecchietta.

Non è necessariamente curva, non necessariamente si appoggia a un bastone, ma procede lentamente occupando, con la sua sporta di plastica intrecciata, quasi tutta la larghezza del marciapiede.

A questo punto voi potreste, naturalmente, scegliere di scusarvi, invitandola con cortesia a cedervi il passo. E immediatamente dopo oltrepassarla, dirigendovi senz'altro verso il negozio, la cui insegna è ancora accesa, ma davanti al quale il commesso sta già ritirando le cassette con la frutta e la verdura.

Un comportamento del genere sarebbe perfettamente sensato, e certo non biasimevole.

Ciò nondimeno, senza neanche rendervene conto, vi portereste a casa una sensazione strana, simile a un piccolo fastidioso vortice, come un appetito non soddisfatto, e la vostra serata, che si annunciava vivace e lieta, ne sarebbe irrimediabilmente guastata.

Ecco dunque il mio consiglio.

State camminando velocemente, con gli occhi fissi alla meta, il ritmo svelto della vostra andatura vi ha ormai portati poco dietro alla vecchietta, a una distanza, diciamo, di cinque o sei metri.

È probabile che lei vi abbia sentiti arrivare, che si sia fermata, e che ora vi stia guardando, con un'espressione di stanco disagio, di leggera e come sbiadita apprensione.

Rallentate l'andatura, fin quasi a fermarvi, guardatevi intorno e, individuato il passante più frettoloso, seguitelo con uno sguardo di sereno distacco, con appena appena una sfumatura di bonaria disapprovazione, stando però bene attenti a non incrociare gli occhi della vecchietta che, non dimenticatelo, vi sta ancora osservando.

Sforzatevi di assumere l'aria di qualcuno che stia passeggiando, tiratevi su il bavero del cappotto, per esempio, e rabbrividite sobriamente per il freddo della sera.

La vecchietta avrà notato il vostro atteggiamento, senza pensieri particolari e senza particolare curiosità, ne avrà semplicemente preso atto – come dire? – per inerzia.

Questo è il momento più delicato.

Se la vecchietta riprende il suo cammino prima che voi l'abbiate raggiunta, non dovete fare altro che proseguire, con la tranquilla cadenza del *flâneur*.

Una vetrina, o il laccio molle di una scarpa possono offrirvi una valida scusa per una breve sosta, naturalmente, ma se ciò non bastasse e vi trovaste costretti a superarla, una volta che la vecchietta si troverà alle vostre spalle, voi potreste cedere alla tentazione di accelerare di nuovo il passo, adeguandolo alla vostra cena e al vostro negozio.

Posso assicurarvi che il prezzo che paghereste per questa intemperanza sarebbe davvero alto.

Per un lungo tratto, continuereste a *sentire* la vecchietta dietro di voi, con il suo incedere claudicante e la sua sporta semivuota.

E, quando crederete di averla finalmente neutralizzata, per esempio nel bel mezzo della serata, mentre sarete soli in cucina a stappare un'altra bottiglia di Amarone, e starete ancora ridendo per l'ultima battuta del vostro amico, la vecchietta sarà lì, tutt'a un tratto, a congelare il vostro sorriso e a sospendere il vostro gesto.

Non una visione vera e propria, ma piuttosto un malessere vago, un tremolante monito, e poi un'ombra che scenderà implacabile sopra di voi.

Quando raggiungerete la vostra famiglia e i vostri amici, nella sala da pranzo illuminata, un inspiegabile ritardo delle vostre reazioni, magari lieve, sarà tuttavia abbastanza percettibile da indurre l'impressione che il meccanismo si sia inesorabilmente inceppato.

Proseguite dunque nello stesso identico modo, con ritmo uguale, lasciandovi sorpassare dai passanti e, se possibile, dalla vecchietta stessa.

Non accadrà nulla, e nulla infatti deve accadere.

Se sarete stati abili, la vecchietta non avrà rimarcato niente di anormale.

Ma voi invece percepirete, senza alcun dubbio, la differenza.

Per effetto del vostro comportamento, dietro di voi, o davanti a voi, la vecchietta avrà un passo più franco, e la sporta semivuota penderà meno tristemente dal suo braccio magro.

Permettetemi di eludere il capitolo delle spiegazioni, e lasciate che io mi limiti invece a completare le istruzioni, che è quanto è lecito pretendere, mi pare, da un buon manuale.

La fase appena descritta può avere una durata variabile, ma io vi esorto a concederle un tempo non troppo breve; cinque minuti sono, a mio parere, il limite minimo.

Naturalmente, vi è un ampio margine di indeterminatezza, dovuto all'impossibilità di fissare le coordinate del ritmo, dei tempi e della distanza; quindi è evidente che, prima dello scioglimento, potreste aver oltrepassato il negozio, oppure questo potrebbe essere già chiuso.

In un caso come nell'altro, non sarà accaduto nulla di irreparabile, e non vi sarà difficile trovare una soluzione.

Eccovi adesso davanti alla vecchietta, o dietro di lei, a non più di sei o sette metri di distanza da, diciamo, otto o dieci minuti.

Questo è il momento.

All'improvviso, dall'altra parte della strada, scorgerete, in mezzo alla folla dei passanti, un viso noto, supponiamo che si tratti di un ex compagno di scuola, che non vedete da anni e che vi preme assolutamente salutare.

Date alla vostra solitaria esclamazione di gioia e di stupore tutta l'enfasi necessaria a distogliere la vecchietta dalla sua sorda meditazione, gridate forte un nome, un nome qualunque e, con il braccio teso a richiamare l'attenzione di qualcuno, attraversate correndo la strada.

Deve essere perfettamente chiaro che si tratta di un evento del tutto eccezionale, che soltanto un avvenimento di questa portata poteva avere la facoltà di interrompere la vostra flemmatica passeggiata.

Inoltre, è molto importante che voi corriate *nel modo giusto.*

Per la vecchietta, che vi starà osservando, voi sarete soprattutto un pretesto per una piccola pausa di riposo, ma ciò nonostante è indispensabile che il vostro scatto sia nettamente al di sotto del vostro entusiasmo, che i vostri piedi esprimano una fisica riluttanza ad assecondare il vostro impulso.

Adesso il più è fatto.

La vecchietta sta seguendovi stancamente con lo sguardo.

Servitevi del passaggio di un autobus, o di una via traversa verso la quale arrancherete ansimando, per scomparire definitivamente alla sua vista. Attraversate la strada in senso inverso, parecchi metri più in là, confondetevi fra la folla, e precipitatevi all'interno del vostro negozio, o di un altro che avrete localizzato.

È peraltro possibile, ho il dovere di avvertirvene, che la vecchietta passi davanti alle vetrine prima che voi abbiate finito di fare le vostre compere, e che getti all'interno del negozio un'occhiata senza intenzione e senza desiderio, ma intrisa di inconsapevole – e per ciò stesso insidiosa – nostalgia.

E che questo sguardo, casualmente, vi intercetti, vanificando tutte le precedenti precauzioni.

Badate perciò a mettervi al riparo dietro una qualunque esposizione di bottiglie o di pacchi di pasta.

La vecchietta passerà oltre, e voi avrete conquistato il sacrosanto diritto a una calda serata in famiglia.

...

Storia dell'Ungherese

Racconto

Premessa
Una e-mail del 18 maggio 2017

Caro Leonardo,

forse sarai un po' stupito di ricevere mie notizie dopo un silenzio così lungo (trentaquattro anni? trentacinque?), ammesso che questa e-mail ti raggiunga, cioè che l'indirizzo al quale ti scrivo sia ancora valido.

Chissà se un giorno avremo occasione di parlare con tranquillità delle circostanze che ci hanno allontanati – ovviamente non mi riferisco alle migliaia di chilometri che ormai ci separano (ho sentito dire che dopo il divorzio ti sei trasferito a Melbourne, è vero?), ma ad altro.

Non conosco il tuo attuale punto di vista sulla questione – che comunque non intendo affrontare – ma posso darti il mio: tu e io siamo stati coinvolti in un dissidio (anzi, in uno scontro: ricordo con orrore quel Natale a casa dei nonni, quando tuo padre e il mio vennero addirittura alle mani), al quale saremmo dovuti rimanere totalmente estranei.

Se fossimo stati solo un po' più maturi all'epoca dei fatti, ci saremmo senz'altro rifiutati di prendere posizione, ciascuno di noi, com'era purtroppo scontato, a favore del proprio genitore.

Ovviamente, non è per rivangare cose dolorose e ormai remote che ti scrivo.

Troverai qui in allegato uno scritto di tuo padre che mi è capitato fra le mani mentre facevo ordine fra documenti e carte in vista del trasloco – anche noi ci trasferiamo, in un poco esotico quartiere di recentissima costruzione.

Non sono più in grado di dire se io ne avessi già preso visione molti anni fa, in ogni caso non conservavo memoria del suo contenuto.

Ricorderai che da bambino, prima degli avvenimenti ai quali accennavo, ho avuto con tuo padre un rapporto privilegiato, non credo ti sia ignoto che mi preferisse agli altri nipoti, non soltanto ai miei fratelli, ma perfino ai figli di nostra zia, alla quale pure era molto legato (la cosa, d'altronde, produsse all'epoca, anche fra loro, qualche piccolo dissapore).

Può darsi che la ragione della sua spiccata preferenza fosse proprio la nostra amicizia, il fatto che tu e io fossimo così inseparabili, benché così diversi.

Cercherò di essere breve, anche perché la mia giornata, fra appuntamenti di lavoro e impegni familiari, sarà un vero inferno. Non so come sia per te, ma per quanto mi riguarda ho il costante sospetto di venire sistematicamente derubato di almeno quattro o cinque delle ventiquattro ore che dovrei avere quotidianamente a disposizione.

Per tornare allo scritto di tuo padre, confesso che, se non vi avessi trovata acclusa la breve lettera che vedrai in testa all'allegato, non ci avrei capito assolutamente niente.

Non che la lettera chiarisca tutto, ma perlomeno fa luce sulle intenzioni di tuo padre, cioè sul fatto che non si tratta di un lavoro di finzione, ma piuttosto di una cronaca, di un resoconto o, come afferma lui stesso, del risultato di un'indagine, per quanto evidentemente anomala.

Lo scritto, al di là dello stile nel quale è redatto, che a me è parso abbastanza antiquato e ridondante, riporta una vicenda alquanto oscura e a tratti, come dicevo, del tutto incomprensibile. Devo però anche ammettere che, per le ragioni di cui sopra, l'ho scorso distrattamente e in fretta, può darsi quindi che me ne sia fatto un'opinione un po' superficiale.

Ma ecco lo scrupolo che mi ha spinto a contattarti e a inoltrartelo.

Del bar al quale tuo padre si riferisce non ricordo quasi nulla, (da circa dieci anni quei locali ospitano un piccolo discount), dell'Ungherese, meno che mai.

Per quanto riguarda la mia presunta curiosità, o addirittura la fascinazione che, all'epoca, avrebbero esercitato su di me la vicenda sanguinosa e i misteri a questa connessi, la cosa mi pare davvero strana, mi sono quindi chiesto se tuo padre non ci confondesse nel ricordo.

Può essere che tu lo avessi insistentemente interrogato a proposito di questa storia? Ne sai qualcosa?

Non ho, purtroppo, mai più avuto occasione di parlarne con lui, ma, come constaterai anche tu, la data della lettera ci indica che lo zio mi ha fatto consegnare il plico solo otto anni fa, dopo la morte di mio padre, quando era già molto anziano, e la sua memoria non era più così solida.

Mi sembra perciò lecito ritenere che questo scritto fosse, in realtà, destinato a te, piuttosto che a me.

In ogni caso, la tua indole riflessiva è certamente più adatta della mia a coglierne il senso.

Ti abbraccio con affetto, se ancora me lo permetti

Manuel

P.S.: scusa, mi rendo conto solo adesso, ripercorrendo velocemente la lettera dello zio, che lo scritto non sarebbe suo, ma di un conoscente che voleva rimanere anonimo.

La cosa mi pare francamente poco credibile, però ti lascio giudicare.

Perdona la svista, che rettifico rapidamente con questo post scriptum.

Purtroppo, non ho tempo di rileggere tutto daccapo, e magari riscrivere correggendo gli errori; vado, come sempre, molto molto di fretta.

Lettera della zio Toni
29 aprile 2009

Caro Manuel,
la brusca interruzione che, mio malgrado, hanno subito i nostri rapporti, quando tu eri ancora un ragazzo, l'ostracismo al quale mi sono visto in seguito ingiustamente e do-

lorosamente condannato, mi hanno impedito di rivelarti di persona, come avrei tanto voluto fare, i risultati ai quali mi aveva condotto a suo tempo una mia piccola ma appassionata inchiesta.

Non appena ti dirò di che si tratta, ti sarà facile intuire che le mie ostinate ricerche non erano dirette soltanto a soddisfare una mia antica curiosità, ma avevano un secondo obiettivo, più segreto e sentimentale, che naturalmente ti includeva. Poiché, purtroppo, comincio a credere che, in questa vita, non vi saranno più le condizioni per un nostro incontro – o almeno non per un incontro vero, cioè proporzionato al mio affetto per te – ecco che devo decidermi a riferirtene per iscritto.

Sono trascorsi moltissimi anni, eppure sono certo che non avrai dimenticato le nostre lunghe discussioni e congetture riguardo agli oscuri moventi del delitto commesso dall'Ungherese pochi mesi prima della tua nascita, e del quale si parlava ancora al tempo della tua adolescenza.

Ricorderai che passavamo spesso (e con un brivido) vicino al suo bar, che tutti chiamavano ancora Il bar dell'Ungherese, che più di una volta ci siamo fermati a osservare attraverso le saracinesche l'interno dei locali, e che allora ci stupivamo di vederli perfettamente puliti e in ordine, come se, invece di essere stati definitivamente abbandonati dal giorno del delitto, fossero semplicemente chiusi per il riposo settimanale, e dovessero riaprire di lì a poco, per accogliere la clientela dei giorni lavorativi.

Circa vent'anni fa (vent'anni!), trovandomi a passare lì davanti una notte, poco prima dell'alba, mi accorsi con sor-

presa che le luci all'interno erano accese. Il ricordo delle nostre infinite e fantasiose supposizioni a proposito del mistero di quel luogo era ancora molto vivo, e la stranezza della circostanza risvegliò immediatamente il mio interesse.
Mi appostai presso le vetrine e assistetti a una scena che non posso dimenticare: i due figli dell'Ungherese (che tu stesso avrai più di una volta incrociato in città), già piuttosto anziani, erano lì dentro, impegnati a sistemare e lucidare ogni cosa, con uno zelo e una coscienziosità che nessuna concreta esigenza pareva giustificare.
Ho poi avuto modo di appurare che questa operazione veniva ripetuta ogni notte, con la medesima accuratezza, da più di vent'anni, all'incirca alla stessa ora, come se i due uomini la considerassero una missione che non potevano esimersi dal compiere.
Questa scoperta mi condusse, attraverso itinerari abbastanza complessi e tortuosi dei quali sarebbe ormai difficile dare conto, se non a una vera e propria rivelazione, quanto meno a un parziale svelamento dell'indole di quell'enigmatico personaggio che era stato l'Ungherese.
Mi pare che sarebbe superfluo aggiungere altro: lo scritto che trovi in questa stessa busta, del quale è autore un mio conoscente che non vuole sia fatto il suo nome, ti chiarirà, credo, il mistero che tanto ti affascinava.
Con la consueta tenerezza, e la speranza che un giorno comprenderai le mie ragioni,

Tuo zio Toni

Lo scritto

Nessuno sa perché fosse chiamato l'Ungherese. Forse un'origine lontana, forse il residuo di qualche facezia della quale si era persa memoria.

Era italiano, anche se non si è mai saputo da quale regione precisamente provenisse, perché il suo eloquio scarno non lasciava il tempo ai suoi interlocutori distratti e rumorosi di coglierne le inflessioni.

Parlava poco, sorrideva senza mostrare i denti quando un cliente gli rivolgeva una battuta, e chinava la testa cortesemente, ma senza eccessiva deferenza, quando riceveva un'ordinazione.

Non annotava mai niente, neanche nelle ore di maggiore affluenza – la mattina presto, poco prima dell'apertura degli uffici, e all'ora di pranzo, quando gli impiegati uscivano per una pausa.

Però ricordava tutto, e serviva con precisione e puntualità.

Aveva uno sguardo profondo e, nello stesso tempo, tranquillo; si mormorava che vi fosse, nel suo passato, qualche grande dolore – una perdita, o un abbandono – dimenticato, ma presente in qualche luogo inaccessibile, come una pietra che, scagliata nell'acqua, ne avesse increspato la superficie, e poi fosse scivolata rapidamente sul fondo.

La sua persona non suscitava, d'altronde, grande curiosità; non tanto a causa del carattere inevitabilmente superficiale delle sue relazioni sociali, la cui cerchia non eccedeva, di fatto, l'ambito piuttosto limitato della clientela del suo bar, quanto perché lui stesso sembrava aver elaborato un modo singolare di stare al mondo.

I suoi gesti e le sue rare parole producevano un effetto soavemente respingente, tutto il suo comportamento sembrava volto a distogliere da sé l'attenzione altrui o, per dirlo con maggiore esattezza, a offrire una sponda perché potesse rimbalzare altrove.

Non ci si interrogava sulla sua vita, e quello che lui ne lasciava vedere era materia sufficiente a formare una cornice accogliente e calda, nella quale era lecito e facile mostrare al meglio se stessi.

Quello che lui lasciava vedere, erano il suo bar e i suoi due figli, tanto simili da sembrare gemelli, piuttosto robusti, e alti, sebbene non quanto lui, che li sovrastava nettamente.

I due figli erano silenziosi quanto il padre e, come il padre, efficaci e tranquilli.

Ma negli sguardi che gli rivolgevano si leggeva un sentimento di soggezione e di immenso rispetto.

Non vi erano donne nella vita dell'Ungherese o, se ve ne erano, nessuno ne venne mai a conoscenza.

"È sposato con il suo bar," disse una volta Annibale Gagliardi, uno dei suoi clienti più assidui, e il più brillante e spiritoso.

L'osservazione era pertinente; nel suo locale, ogni oggetto sembrava essere stato scelto *per se stesso*, con una cura affettuosa che andava molto oltre il gusto di comporre un ambiente confortevole o suggestivo.

Ogni lampada, ogni sedia, ogni tavolo, ogni stoviglia, ricevevano da lui un'attenzione particolare, che sembrava direttamente ispirata dall'oggetto con il quale aveva a che fare.

Era come se fra lui e le cose che lo circondavano vi fosse

un dialogo costante, lieve e profondo, una reciprocità misteriosa che creava uno spazio che non occupava spazio, e un tempo che non scorreva entro il tempo, ma che pure esistevano, e affermavano la propria esistenza con penetrante tenacia, come un bisbiglìo impercettibile riesce talvolta a farsi udire in mezzo al baccano.

Benché l'esistenza dell'Ungherese e dei suoi figli percorresse una traiettoria, per così dire, parallela, rispetto a quella tracciata dalla vita rumorosa e attiva dei clienti del bar, senza apprezzabili interferenze o collisioni, l'Ungherese sembrava trarre da quella vita a lui estranea una linfa indispensabile.

Probabilmente per questa ragione si mostrava così attento ai bisogni della propria clientela.

Non si limitava a soddisfarne prontamente le esplicite richieste, ma riusciva, con singolare intuito, a indovinarne anche i desideri inespressi, o perfino inconsapevoli, e non si dava pace fino a che non riusciva a esaudirli.

Questo, naturalmente, richiedeva un impegno notevole e un importante dispendio di energie e, talvolta, di denaro.

Ciò nonostante, l'Ungherese non sembrava ricercare né gratitudine, né plauso.

Il cliente cui era stato servito, senza alcun commento, l'introvabile liquore o la speciale miscela di caffè che aveva sognato di gustare, si limitava ad assaporarli soddisfatto, come se quel luogo avesse la naturale facoltà di produrre da sé quanto poteva meglio appagare i suoi frequentatori.

Poiché la nostra indagine non è che un meticoloso inventario di elementi e fatti minimi che, tutti insieme, e soltanto se scrupolosamente riportati, potranno forse fornirci una spiegazione di quello che è l'unico vero evento – tragico e conclusivo –, mi sembra necessario dare conto di un'altra piccola cosa.

Vi era un momento della giornata, fra le due e le tre del pomeriggio, nel quale il locale era immerso in una sorta di quiete animata.

Ai tavoli gli impiegati stavano consumando il proprio pasto, due o tre persone bevevano il caffè al bancone, chiacchierando, o dando un'occhiata al giornale.

Tutti erano stati serviti, non vi erano ordinazioni in sospeso, né piatti da preparare.

Allora l'Ungherese incrociava le braccia e contemplava la sua opera, mentre i suoi robusti figli, in piedi dietro il bancone, restavano disciplinati in attesa, le mani dietro la schiena.

I suoi occhi percorrevano lentamente il locale, poi si soffermavano su qualche irrilevante dettaglio: un raggio di sole obliquo, per esempio, che, attraversando i boccali di vetro colmi di ciliegie sottospirito, allineati in alto su uno scaffale lungo la vetrina, tingeva di un bel colore caldo il tavolino posto nell'angolo, e avvolgeva i commensali appagati in un'aura densa di suggestione.

Non vi era orgoglio né fierezza nello sguardo dell'Ungherese, ma un'espressione assorta, dolce e appassionata, come se stesse formulando mentalmente una preghiera.

Il più delle volte il suo atteggiamento così intensamente raccolto passava del tutto inosservato; più raramente, veniva commentato con qualche ammiccamento, o qualche scherzosa allusione, dei quali l'Ungherese pareva non rendersi conto.

Come sempre, fu Gagliardi a pronunciare la battuta di maggior successo:

"L'Ungherese si è inabissato," disse un giorno.

E i clienti più assidui presero l'abitudine di ripetere questa frase ogni volta che, avendo esaurito le chiacchiere intorno agli avvenimenti del giorno, e trovandosi momentaneamente a corto di argomenti, giravano lo sguardo intorno e scorgevano l'Ungherese immerso nella sua preghiera silenziosa.

Una notte l'Ungherese fece un sogno terribile, dal quale si risvegliò profondamente turbato.

Sognò che, aiutato dai suoi figli, sollevava come sempre la serranda del bar e, come sempre, disponeva ogni cosa per cominciare la sua giornata di lavoro.

Ma le ore passavano e il locale rimaneva deserto.

I calici scintillavano dietro il bancone, riflessi e moltiplicati dai riquadri specchiati, il frigorifero ronzava, la macchina del caffè, sulla quale i caratteri svolazzanti su fondo amaranto, che componevano il nome della ditta, erano stati lucidati a uno a uno, era calda, ma non accadeva niente.

L'Ungherese e i suoi figli aspettavano immobili, e il trascorrere del tempo erodeva il senso di quell'attesa, come la lettura di una sentenza che delinei progressivamente un verdetto di condanna inappellabile e definitiva.

Alle sei del mattino, l'Ungherese uscì di casa avvolto in una cerata gialla, seguito dai suoi figli.

Pioveva forte quel giorno, e raffiche di vento impetuose e improvvise rendevano inadeguato qualunque riparo.

I due ragazzi sapevano con certezza che durante la notte qualcosa di enorme e spaventoso era accaduto, senza che loro potessero impedirlo.

Era bastato uno sguardo al viso del padre: un turbamento profondo ne alterava la grazia, sembrava che i suoi tratti fossero stati sconvolti e poi ricomposti troppo frettolosamente, cosicché apparivano come un'imitazione forzata e inerte dei suoi tratti abituali, privi di vita e di espressione.

Verso le sette e mezza il locale accolse, come sempre, la brigata rumorosa degli impiegati, ma fu notata l'assenza di Gagliardi, le cui battute animavano di solito le conversazioni e provocavano puntualmente l'ilarità dei colleghi.

Ciò nonostante la mattinata trascorse, più o meno, secondo i ritmi consueti.

Fra le nove e le undici, fu la volta dei commercianti del quartiere, che arrivarono alla spicciolata, fradici e infreddoliti, imprecando contro il tempaccio che teneva la gente lontana dai negozi.

I due ragazzi volgevano verso il padre sguardi che non osavano interrogarlo, e l'Ungherese li riceveva senza reagire, ma sul suo viso, con lenta e inesorabile progressione, compariva un'espressione amara, arida e desolata come un deserto, e i suoi gesti acquisivano a poco a poco un'inconsueta secchezza, come se il rapporto d'amore che lo legava alle cose che andava maneggiando fosse stato bruscamente interrotto da qualche ignobile tradimento.

All'una e un quarto l'acquazzone si era leggermente placato, il vento era cessato, e la pioggia cadeva verticalmente in grosse gocce lente che facevano fremere l'acqua fangosa delle pozzanghere sulla strada.

Nel silenzio si udì distintamente il vociare degli impiegati che si avvicinavano.

Qualcosa come l'eco di un sussulto attraversò brevemente lo sguardo dell'Ungherese, e si spense.

Lo scalpiccio e il vivace chiacchiericcio che lo accompagnava si arrestarono poco lontano; si sentì chiaramente la voce di Gagliardi sovrastare le altre:

"Io vado al Lawrence Cafè, chi viene con me?"

La proposta fu immediatamente seguita da un coro disordinato di proteste, pareri, obiezioni, consensi e dissensi.

Poi il tramestio riprese.

Davanti al bar il gruppo degli impiegati si divise, e l'Ungherese e i suoi figli poterono vedere oltre la vetrina alcuni di loro, fra i quali Gagliardi, attraversare correndo la strada e sparire al di là dell'incrocio poco più avanti.

Era accaduto che a causa della pioggia e del vento Gagliardi, quella mattina, si era visto costretto a rifugiarsi in un Caffè lungo la strada che abitualmente lo portava al bar dell'Ungherese e poi all'ufficio.

Il Lawrence Cafè era un locale nel quale non era mai entrato prima; aveva aperto da meno di un anno e non si faceva particolarmente notare, se non per la musica chiassosa che da una radio perennemente accesa si riversava sulla strada ogni volta che la porta vetrata veniva aperta.

All'interno gli arredi ordinari, con gli alti sedili in similpelle nera e le lampade lunghe che emettevano una luce biancastra, creavano un ambiente anonimo, se non addirittura squallido.

Ma la ragazza che serviva al bancone aveva la risposta pronta, un viso gradevole, e un'espressione aperta e piacevolmente audace.

Fra lei e Gagliardi vi era stato subito uno spiritoso scambio verbale; lui era entrato zuppo di pioggia e intirizzito dal freddo, e lei gli aveva rivolto un motteggio impertinente, al quale lui aveva replicato con una battuta umoristica, che aveva provocato un sonoro scoppio di risa fra i clienti abituali del Caffè.

Questo episodio li aveva immediatamente avvicinati e Gagliardi, dopo aver considerato con compiaciuto stupore il viso grazioso della ragazza, si era adoperato per conferire alla loro intesa una sfumatura allusiva, che la ragazza aveva prontamente riconosciuto, senza abbassare gli occhi, e poi legittimato con un sorriso contornato da due minuscole fossette.

Ciò era bastato perché Gagliardi decidesse di tornare al Lawrence Cafè all'ora di pranzo, imitato questa volta da tre o quattro colleghi, vuoi perché godesse di un certo ascendente su di loro, vuoi perché quelli vi fossero stati indotti da una maliziosa curiosità.

Nelle settimane successive il numero dei fedeli al Bar dell'Ungherese continuò ad assottigliarsi.

Giorno dopo giorno, le ore che passavano scandivano implacabilmente il ritmo di nuove defezioni; il tempo non scorreva più fluido fra le cose; marciava, si sarebbe detto, come un esercito invasore, di assenza in assenza.

Eppure dentro il locale lindo e ordinato, radioso come una giovane sposa, i tre uomini continuavano a svolgere il lavoro quotidiano in modo accurato e coscienzioso, concentrando la propria attenzione su dettagli tanto più minuti, quanto più lunghi diventavano gli intervalli di tempo durante i quali il campanello, che con un trillo breve segnalava l'arrivo di qualche nuovo cliente, rimaneva muto.

Poi, all'improvviso, l'Ungherese parve rendersi conto che il tempo felice non sarebbe più tornato.

Fu una sera, all'ora della chiusura del locale.

Da sempre, la fine della giornata di lavoro seguiva una procedura meticolosa quanto quella dell'inizio, prima dell'apertura del bar, ma differiva da questa nei tempi e nei modi, e lo stato d'animo che la accompagnava era più malinconico e raccolto.

Il congedo serale somigliava a un adagio, lento e struggente.

Dopo aver amorevolmente riposto gli oggetti mansueti che lo avevano servito durante il giorno, l'Ungherese sostava sulla soglia e assisteva al rituale dello spegnimento delle luci.

La cerimonia aveva la solennità di un rito liturgico, scrupolosamente officiato dai due ragazzi, a beneficio di quell'unico devoto.

Le luci venivano spente a una a una, secondo una precisa sequenza che pareva studiata perché ogni angolo del locale, ogni oggetto godessero del proprio momento di gloria.

Fino a che, nella penombra, prima di convertirsi in sagome indistinte, di un grigio uniforme, l'acciaio, lo zinco, la porcellana, l'ottone, il cristallo, mandavano un ultimo amichevole bagliore, cui l'Ungherese rispondeva come a un cenno di saluto, con un sorriso timido e grato.

Ma quella notte, quando i due ragazzi in strada si volsero a guardare il padre, sotto il riverbero dei lampioni, sul suo viso non scorsero né dolcezza né malinconia.

La bocca serrata in una piega dura e gli occhi accesi e brillanti rivelavano piuttosto un sentimento di indignazione, come al cospetto di un'intollerabile ingiustizia, di un torto che esigesse riparazione o vendetta.

Da quel momento tutto fu diverso.

L'Ungherese passava la maggior parte del suo tempo seduto in un angolo dietro il bancone, a testa china, lo sguardo fisso e vuoto, indifferente all'ostinata operosità dei suoi figli.

Qualche volta, come rispondendo a un improvviso, perentorio richiamo, si alzava di scatto, con lunghe falcate risolute si dirigeva verso l'uscita del bar, spalancava la porta con un gesto quasi brutale, e si fermava sulla soglia a braccia conserte.

I passanti non potevano allora fare a meno di notare la sua figura imponente, in piedi davanti all'entrata del locale deserto, con le braccia incrociate sul petto, in un atteggiamento di orgogliosa sfida, come un nobile cavaliere che si disponesse a lavare, in un duello all'ultimo sangue contro un avversario indegno, un'ingiuria inaccettabile; o l'impavido guardiano di un tempio che, immobile davanti al Sacro Altare, sbarrasse coraggiosamente il passo a un'orda di empi profanatori.

Il bar subì una triste metamorfosi; l'incanto si spezzò.

Un'entità opaca si introdusse strisciando in quel luogo, corrompendone per sempre l'atmosfera vibrante e rarefatta.

Gli oggetti che lo abitavano persero vita e fascino; parevano, anzi, esibire provocatoriamente, in un soprassalto di fiera rivalsa, le proprie imperfezioni.

I due ragazzi fissavano impotenti il viso del padre, reso quasi irriconoscibile da quello scempio. Il fuoco di una collera terribile e selvaggia divampava ormai visibilmente dentro il suo corpo, i suoi occhi si muovevano a scatti, inseguendo, con furia febbrile, un misterioso usurpatore.

I rari avventori avevano la sgradevole sensazione di essere braccati da quello sguardo, un tempo carezzevole, e divenuto adesso affilato e tenace.

Nessuno fra i pochi clienti fedeli osava più bisbigliare commenti scherzosi quando, incrociando le braccia, l'Ungherese si guardava intorno, e poi fissava la sua attenzione su un piccolo dettaglio che nessun altro era in grado di cogliere; perché allora il suo viso esprimeva un dolore troppo profondo per autorizzare l'ironia.

L'atmosfera di festosa tranquillità che sempre aveva regnato in quel luogo era del tutto scomparsa.

Si abbassava la voce come a una veglia funebre, si scambiavano sguardi apprensivi, e sui gesti di tutti gravava un evidente, inspiegabile disagio.

Un pomeriggio, nell'ora incantata fra le due e le tre, mentre un pulviscolo sottile si raccoglieva danzando nelle ampie strisce di luce che il sole proiettava all'interno attraverso le vetrine, uno degli impiegati più anziani, il signor Verri, un uomo timido e solitario, si diresse verso la cassa per pagare il suo pasto.

Negli ultimi giorni l'Ungherese sembrava avere irrevocabilmente deposto il proprio scettro e, perso nel suo doloroso esilio, aveva delegato ai figli la quasi totalità delle incombenze che un tempo svolgeva con tenera cura.

Fu dunque uno dei due ragazzi ad avvicinarsi per battere il conto.

L'impiegato, chino sul portafogli, stava estraendone una banconota quando, alzando gli occhi, vide sorgere dietro le spalle del giovane l'alta figura dell'Ungherese.

Fissando Verri con un'espressione disperata, o forse implorante, nella quale il timido impiegato credette di scorgere un'atroce minaccia, l'uomo scansò con un gesto il figlio e prese il suo posto dietro la cassa.

Verri ne rimase a tal punto sconvolto che non fu in grado di riferire ai colleghi, ai quali, ancora tremante, raccontò l'accaduto, in che modo si fosse congedato e fosse poi uscito dal locale, giurando a se stesso di non rimetterci più piede.

Consegnata così succinta dal protagonista ai suoi ascoltatori, la storia di Verri annichilito dal terribile sguardo dell'Ungherese, si arricchì via via di dettagli e circostanze, secondo l'estro e l'umore di colui che a sua volta la riportava ad altri, cambiandone la forma e il senso.

Fino a che comparve, lampante e chiara, trionfando su ogni altro tentativo di decifrarne il significato, come una chiosa definitiva, la parola *pazzo*.

Tale parola si diffuse rapida come una febbre perniciosa, e fu il marchio funesto sulla porta dell'appestato.

I clienti abituali che ancora frequentavano il locale si dileguarono nello spazio di pochi giorni, dirottati verso il Lawrence Cafè o altri bar del quartiere.

Il viaggiatore di passaggio che, ignaro, entrava nel bar dell'Ungherese per un rapido spuntino ne percepiva immediatamente con un brivido la lugubre atmosfera.

Una malia ostile avvolgeva ogni cosa.

I tre uomini silenziosi e cupi sembravano i torvi custodi

di un sepolcro. Il viaggiatore trangugiava allora in fretta il suo pasto, e si precipitava fuori a testa bassa.

Passarono così diverse settimane.

Vi fu un bel sole per alcuni giorni, poi, un venerdì, il tempo si guastò di nuovo.

Nel cielo comparvero grossi nuvoloni neri e, verso l'ora di pranzo, un temporale si annunciava con lampi silenziosi che fendevano il buio in lontananza.

L'elettricità dell'aria produceva un sentimento di impaziente attesa, come se si fosse nell'imminenza di un lavacro universale, cui sarebbe seguita qualche straordinaria trasformazione, un modo nuovo di stare al mondo, più intenso e più eccitante.

Alle due e un quarto, in ritardo a causa di alcune impreviste faccende delle quali si era dovuto urgentemente occupare in ufficio, Gagliardi si affrettava verso il Lawrence Cafè, dove i suoi colleghi lo avevano preceduto.

Stretto nel soprabito, con il bavero alzato, l'umore euforico, si proiettava già nel confortevole tepore del locale, e pregustava il momento in cui, come era ormai consuetudine, avrebbe cominciato a duettare con la graziosa ragazza da una parte all'altra del bancone, in una vivace schermaglia verbale.

Il loro rapporto aveva fatto in poche settimane immensi progressi e, attraverso l'effervescente scambio di battute che ne formava, per così dire, la struttura, era ormai ben visibile la reciproca prepotente attrazione che non avrebbe tardato a manifestarsi apertamente.

Camminando a passo veloce, Gagliardi stava appunto cesellando nella sua testa la frase con la quale quel giorno avrebbe dato inizio alla schermaglia, quando all'improvviso ebbe la sgradevole impressione che qualcuno lo tirasse violentemente indietro, via dal tepore, dalle risa, dall'elettrizzante gioco della seduzione; al freddo, sotto un cielo attraversato da lampi sinistri, e la pioggia che cominciava a cadere.

Solo allora si rese conto che si trovava esattamente di fronte al bar dell'Ungherese e che, in piedi sulla soglia, l'uomo lo apostrofava con tono imperioso.

Era forse la prima volta che la sua voce gli giungeva all'orecchio con un timbro così chiaro e sonoro.

Gagliardi si fermò, sorpreso, e guardò l'Ungherese con espressione interrogativa.

La distanza che separava il luogo piacevole nel quale mentalmente si trovava dal luogo reale e desolato al quale lo si costringeva ad approdare era abissale.

Talmente enorme che ci volle tempo per percorrerla.

E fu troppo tardi.

Le mani grandi e straordinariamente forti dell'Ungherese lo avevano già afferrato e gli serravano il collo con fermezza, senza uno scarto o un'esitazione.

E, si sarebbe detto, senza violenza.

Gagliardi accennò appena il gesto di sollevare le braccia, che ricaddero subito inerti. Le sue membra ebbero un ultimo sussulto scomposto, poi l'uomo si accasciò.

L'Ungherese lasciò lentamente la presa, e il corpo di Gagliardi cadde senza vita sul selciato che la pioggia tempestava con furia.

***

Il processo fu rapido e senza sorprese.

Dopo il delitto, l'Ungherese era rimasto in piedi accanto alla vittima, sotto la pioggia, e si era lasciato arrestare senza fare resistenza.

Chiamati a testimoniare, i suoi due figli avevano pronunciato poche parole dal significato alquanto ermetico, a proposito del sentimento d'amore che legava il padre al suo bar, e dell'impegno instancabile che sempre aveva profuso nell'esercitare il proprio lavoro.

Quando il Presidente li aveva invitati ad attenersi ai fatti, i due ragazzi si erano chiusi nel silenzio.

La confessione dell'assassino era stata anche più concisa. Incalzato dalle domande del Pubblico Ministero, l'Ungherese non aveva fornito che le risposte più ovvie circa l'ora e la dinamica del crimine, opponendo un silenzio ostinato a ogni tentativo di investigarne le ragioni, e aveva ascoltato il verdetto di condanna senza alcuna apparente reazione.

Solo al momento di lasciare l'aula per essere condotto in prigione, esitò un istante, costringendo i due carabinieri che lo scortavano a fermarsi.

Poi, rivolgendosi ai figli che lo fissavano con gli occhi lucidi di pianto, pronunciò una frase che nessuno fu in grado di interpretare; con un accento di accorata dolcezza che aggiunse mistero alle sue parole, disse soltanto:

"Voi sapete cosa dovete fare."

E si lasciò docilmente portare via.

Breve interludio del domatore

Interludio per voce maschile

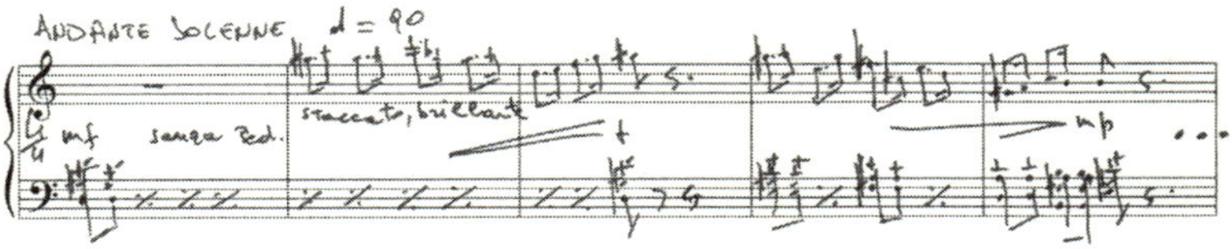

Questo siamo da generazioni: domatori.

Domatori di parole.

Immaginatemi così: con il nero cilindro, la giacca del frac di un rosso sgargiante, i pantaloni attillati negli alti stivali lustri, il papillon, mentre saluto il folto pubblico con un virile inchino, scoprendo elegantemente la testa.

Il mio agile frustino incalza le sdegnate belve, caracollanti una dietro l'altra, in fila indiana, lungo il breve tunnel reticolato che inesorabilmente le conduce nella vasta e alta gabbia metallica, al centro della pista.

Uno schiocco del frustino sulla sabbia, ed ecco le fiere balzare mollemente sui trespoli, con trattenuto furore.

Vengono da lontano, da rapsodiche visioni, lunghe marce, agguati, sfide, trionfi.

Potrebbero facilmente sbranarmi con le immense fauci, e il lampo incandescente dei loro occhi, che voi vedete da una certa distanza, a me, così pericolosamente vicino, rivela una non sopita brama di vendetta e di sangue.

In virtù di che cosa riesco a tenerle a bada col mio esile frustino e la dubitabile autorevolezza della mia persona?

Alto, molto alto, e magro, straordinariamente magro, mio padre si china su di me, bambino, e le designa una per una, enumerandone le feroci imprese, magnificandone l'audacia.

Io vorrei fare altro.

Nella luce polverosa del mezzogiorno estivo, il tendone iridato ha dismesso, esausto, l'enfasi sfavillante dello spettacolo serale.

Osservo, con malinconica e già sconfitta invidia, le arabescate evoluzioni degli artisti del trapezio, il solitario ardimento dell'equilibrista.

Ma questo è, per sempre, il mio compito: domare le parole, fingendomi impavido.

Stasera, sulla pista fastosamente illuminata, ostento sicurezza, ma ho paura.

Sorrido, apro le braccia ad accogliere gli applausi incoraggianti del mio pubblico, cui, mi dico, un epilogo cruento sarebbe forse gradito.

Penso: è per tenerle prigioniere in una troppo esigua gabbia che ho rapito queste creature ai liberi spazi della memoria?

"Perdonami," sussurro a una di loro, dissimulando la mia preghiera entro un prolungato sorriso, "io ti rispetto e ti temo, ma, ti supplico, giochiamo!"

La belva mi fissa, le sue narici fremono visibilmente, è chiaro che conosce la sua forza, e fiuta l'imminenza della mia indeprecabile rinuncia.

Con corrucciata lentezza, si solleva sulle zampe posteriori, ruggendo debolmente, come l'eco di una minaccia che tiene gli astanti con il fiato sospeso: mi obbedisce, per pietà del mio terrore.

Ma la sua riluttante sottomissione non è che una tregua, della quale lei stessa stabilirà la durata.

Il suo sguardo orgoglioso sovrasta, incurante, l'offesa dignità del suo corpo, e mi ammonisce:

"A ben altre imprese, a ben altra gloria, noi siamo destinate!"

In famiglia

Racconto

Lì, nella sfera dorata appesa all'albero, è tutto più seducente.

Magari i visi – soprattutto quello del babbo, in primo piano – vi appaiono leggermente deformati. In compenso, però, il salottino non è né troppo piccolo, né così banale.

Il vestito buono della mamma, piuttosto ordinario, e la sua composta messa in piega, hanno un lucore glorioso.

E il babbo, uomo un po' scialbo, è immerso in un'aura calda e quieta.

Ma soprattutto il silenzio, fra il tintinnio delle posate, non rimugina preoccupazioni.

La minuscola immagine convessa è un luogo di inespugnabile serenità.

Quaggiù, purtroppo, è tutta un'altra storia.

"Perché non ne prendi ancora un po'? Non ti piace?" dice la mamma.

Eppure il medico gliel'ha spiegato in lungo e in largo che non bisogna insistere, ma lei proprio non ce la fa.

Per fortuna siamo in inverno, e Susanna porta un grosso maglione di lana a collo alto, così le viene risparmiato almeno il supplizio di sentirsi sulle spalle e le braccia troppo magre lo sguardo apprensivo della madre.

Ora naturalmente, però, bisognerà rassicurarla.

Se le rispondesse *non ho fame*, che sarebbe la pura verità, l'ansia della mamma, lo sa per esperienza, comincerebbe a crescere a ritmo esponenziale.

Più o meno come se le avesse detto *non voglio più vivere*.

La guarderebbe con occhi spauriti, quasi sul punto di piangere, e questo Susanna non riuscirebbe a tollerarlo e allora diventerebbe sgarbata, cosicché il padre si sentirebbe in obbligo di rimproverarla, ma lo farebbe controvoglia, cioè col mal dissimulato intento di rimproverare invece la moglie, che se ne renderebbe subito conto, per cui comincerebbero a discutere, e Susanna se ne andrebbe a rinchiudersi in camera sua, e allora tutti e due smetterebbero immediatamente di litigare per seguirla, e parlarle attraverso la porta, eccetera eccetera.

L'inferno, insomma.

Per evitarlo bisogna mentire, non c'è altra soluzione.

All'inizio, ogni volta che mentiva, diventava tutta rossa e cominciava a sudare.

Ma, si sa, l'allenamento è tutto, e ora mente con disinvoltura, ha perfino imparato ad arricchire le sue bugie di dettagli fantasiosi, che le procurano una certa crudele soddisfazione.

"L'ho presa due volte, mamma. Mi hai passato tu la zuppiera e hai fatto cadere il forchettone, non ti ricordi?"

Gli occhi della mamma perlustrano automaticamente la tovaglia bianca e linda, senza tracce di sugo.

Il padre è imperturbabile, probabilmente non ascolta, oppure si annoia.

Si può capirlo, d'altronde.

Forse che Susanna non si annoia?

E di sicuro si annoia anche la mamma, solo che lei non vuole ammetterlo.

Resiste, a modo suo. Pateticamente.

Si è messa in ghingheri, è andata dal parrucchiere, si è truccata addirittura, un ombretto traslucido riempie di azzurro i solchi delle palpebre – e non si capisce quale decisivo contributo estetico si dovesse invece aspettarsene.

Per poi cenare loro tre soli, disposti nello stesso ordine di ieri, intorno allo stesso tavolo, con qualche portata in più, i bicchieri a calice e il servizio di piatti migliore.

Fortunatamente, è tutto molto più sopportabile, visto come appare sulla superficie curva della sfera dorata, che riflette lo specchio sopra il canterano, che riflette la sfera, che riflette lo specchio, che riflette…

Ora è di nuovo un uomo.

Anche il primo era stato un uomo, anziano, taciturno e sonnolento.

Le poche volte che parlava biascicava le parole, e Susanna era costretta a chiedergli in continuazione di ripetere, fino a che si era stufata, tanto non c'era mai niente di interessante, sempre soltanto un invito ad autocommiserarsi, in sostanza.

Poi una donna, piuttosto stupida.

Ancora rimpiange di essersi lasciata indurre a raccontarle la faccenda delle fiabe.

Settembre, due anni fa.

"Perché provavi rabbia?"

Silenzio.

"Contro chi?"

Altro silenzio.

"Ti sentivi inadeguata?"

Non si suggeriscono le risposte. Non vale. Ti incalzano, ti incalzano, e tu alla fine cedi.

"Non potevo essere io," si rassegna ad ammettere.

"Perché no?"

La domanda è così idiota che dovrebbe metterla in guardia.

E invece, ci casca con tutte le scarpe. "Loro erano sempre bionde, sempre belle… e sempre buone," dice, con la voce che le trema.

E qui era scoppiata a piangere, nemmeno ora saprebbe dire perché.

Poi aveva provato un sentimento di vergogna così insopportabile che si era subito tramutato in un odio feroce contro quella donna che la guardava con occhi penetranti e con un sorriso melenso, porgendole un fazzolettino di carta.

Fatto sta che non c'era più voluta andare.

La mamma e il babbo avevano provato a insistere, a ottenere spiegazioni, ma non c'era stato niente da fare.

Per un po' l'avevano lasciata in pace.

Cioè, si fa per dire.

C'era sempre un pomeriggio che la mamma, probabilmente quando si annoiava troppo, entrava in camera sua con un'espressione tutta tirata e cauta.

"Che fai tesoro? Non studi? Ti disturbo?"

Certo che la disturbava, che domanda.

Almeno ora aveva imparato a bussare.

Piano piano, che quasi non si sentiva.

Non c'era modo di ottenere da lei un comportamento normale.

O faceva irruzione come se volesse annunciarle che era scoppiato un incendio nelle cantine del palazzo, oppure bussava pianissimo, come una scolaretta impaurita, e allora subito dopo bisognava che ci aggiungesse un richiamo timido timido:

"Susanna… posso?"

Dopodiché era chiaro che non aveva assolutamente niente da dirle, che era lì per cercare indizi, e infatti gli occhi vagavano di qua e di là, sul pavimento, sul tavolino, sui suoi vestiti.

Fino a che Susanna chiedeva in tono esasperato:

"Che c'è, mamma?"

E allora lei, sentendosi scoperta, subito diceva:

"No, così… Avevo voglia di stare un po' con te. Non parliamo mai."

Questa del parlare era una vera fissazione.

Qualche volta Susanna ci provava.

Ma era un esercizio estenuante e inutile, perché la mamma era assolutamente incapace di ascoltare.

Quando Susanna glielo diceva, lei si risentiva, e pretendeva di dimostrarle che non era vero, ripetendo puerilmente a memoria le frasi che Susanna aveva appena pronunciato.

"Questo non è ascoltare, mamma! Ascoltare vuol dire essere CURIOSI, e tu non sei curiosa! IO NON TI IN-TE-RE-SSO," scandiva spietatamente.

"Come puoi dire un'assurdità del genere!" protestava la mamma, con il pianto nella voce.

E allora lei infieriva:

“Ti interessa che io sia sana e possibilmente felice. Che non mi droghi, che non mi uccida, che non soffra. Ma IO non ti interesso.”

Per qualche giorno la mamma non si affacciava più in camera sua. Ma ogni tanto mandava in avanscoperta il padre.

Lei se li immaginava benissimo quei dialoghi concitati sottovoce:

“Vai a vedere come sta, è tutto il giorno che è chiusa in camera.”

“E allora? Lasciala stare, no? Starà studiando, o pensando. Avrà bisogno dei suoi spazi.”

Così diceva lui.

Per saggezza, o per pigrizia.

Poi alla fine però ci andava.

Se non altro, lui bussava sonoramente, con una certa confortante determinazione, della quale Susanna sul momento gli era grata.

Sennonché, appena lei apriva la porta, cominciava un’altra deprimente recita.

Il babbo si mostrava sorridente, parlava a voce alta, forse voleva apparire rassicurante, ma il gioco era troppo scoperto, e abbastanza irritante, a conti fatti.

Faceva domande, e poi sciorinava pareri, citava esempi, il più delle volte tratti dalle proprie esperienze personali.

Mai che lasciasse alle risposte di Susanna (sempre più brevi, sempre più remote) il tempo di farsi strada da sole, con le proprie forze, per così dire.

Era così ansioso di traghettarla sull’altra sponda, che finiva per fare la traversata per conto suo, senza neanche accorgersi che lei era rimasta sulla riva opposta, che aveva da un pezzo rinunciato a seguirlo.

Un quarto d'ora più tardi se ne andava, piuttosto soddisfatto di sé, e poteva assicurare alla mamma che non c'era niente di cui preoccuparsi, che tutto era sotto controllo.

Per farla breve, dopo quella donna e quel periodo di relativa calma, avevano trovato un'altra donna.

Una figura meno materna, così l'avevano definita durante uno dei loro conciliaboli serali, con la radio accesa a volume altissimo, sicuri che coprisse le loro voci.

E invece dalla sua stanza si distinguevano benissimo, la radio che sbraitava canzonette da una parte, loro due che sussurravano dall'altra.

Meno materna era una definizione così eufemistica da sembrare ironica.

Rigida come una guardia svizzera, scostante, decisamente antipatica.

Per vendetta, durante i colloqui preliminari, Susanna la squadrava da capo a piedi, concentrandosi di preferenza su certi vistosi difetti fisici dei quali la signora non poteva non essere cosciente.

Le guardava insistentemente il naso, per esempio. O un neo esagerato sul mento.

Da capo a piedi, proprio alla lettera.

Nel senso che una volta anche i suoi piedi s'era messa a osservare, attentamente, come un entomologo osserverebbe un insetto.

Erano piedi lunghissimi e molto sgraziati.

E quando finalmente la signora li aveva ritirati sotto la sedia, Susanna aveva saputo di aver vinto.

Poi, però, si era dovuta stendere sul lettino, e allora ne aveva escogitata un'altra: faceva finta di addormentarsi.

Dopo due battute, aveva già la bocca impastata, non riusciva ad articolare, poi rimaneva in silenzio, il respiro si faceva pesante, e cominciava a russare.

Per due o tre sedute se l'era cavata così.

Poi, presumibilmente, i genitori erano stati chiamati a rapporto, ed era finita la pacchia.

Be', lì l'aveva fatta grossa.

Forse proprio mentre loro erano a colloquio con la signora.

Una bottiglia intera si era scolata. Whisky invecchiato… nella vetrina del salotto.

Di pessima qualità.

La vetrina era chiusa a chiave, naturalmente, ma Susanna, per trovare ripostigli segreti, doppi fondi, vani nascosti, aveva sempre avuto un talento speciale, fin da piccola.

Quando aveva sette o otto anni, sua madre allestiva dei veri e propri spettacoli per le amiche, o per i genitori dei suoi compagni di scuola.

A quei tempi il suo entusiasmo cominciava appena appena a mettere Susanna in imbarazzo.

"È un fenomeno, vedrete… Io non so come fa, ha veramente un dono… Datemi un oggetto, un oggetto qualsiasi, meglio se un po' raro, un po' prezioso… Ecco, tesoro, guardalo bene… toccalo, dai… lo vedete come chiude gli occhi? Perché così si concentra meglio, e lo *sente*… lei lo deve *sentire* per poterlo trovare…"

Poi la bendava con un foulard di colore scuro, che all'ultimo momento si faceva sempre fatica a rintracciare, chissà perché, e le mani le tremavano per l'eccitazione.

Regolarmente, a questo punto, la madre era assalita dal timore che l'esperimento potesse fallire.

Non aveva ancora finito di bendarla, che già cominciava ad agitarsi, e a giustificarla preventivamente:

"Ora magari si emoziona, c'è troppa gente… quando lo fa con noi funziona sempre, ma non è detto, in pubblico… è un po' emotiva."

Non era neanche vero.

A volte l'ansia della madre finiva per contagiarla, ma nella maggior parte dei casi Susanna conservava uno straordinario sangue freddo.

Anzi, forse entrava addirittura in uno stato di *trance*.

Si sentiva come un rabdomante, l'oggetto che aveva avuto fra le mani pochi minuti prima, in qualche modo, attraverso canali misteriosi, le inviava messaggi, le parlava. Nient'altro contava che quel dialogo arcano, tutto il resto scompariva, i commenti, le aspettative, l'emozione. Si sentiva in pace.

E quando, col gesto sicuro del prestigiatore, estraeva l'oggetto dal suo nascondiglio, e sua madre correva a sbendarla e a godersi il trionfo, lei era già altrove, non le importava il successo, si sentiva improvvisamente svuotata e depressa.

Comunque, verso i dieci anni tutta quella commedia le era venuta a noia.

Aveva fallito di proposito due o tre volte di seguito, divertendosi a osservare sul viso della madre gli effetti della delusione che le stava infliggendo.

Forse era proprio lì che i suoi sentimenti avevano cominciato a cambiare.

Come una mutazione: la versione maligna dei suoi sentimenti di un tempo.

Fine autunno, il whisky.

Sulle prime non è spiacevole.

Una volta che si è riusciti a sopportare quel bruciore nella gola, ci si gode il calore che invade lo stomaco e poi la testa.

Si diventa tristi tristi tristi, e buoni buoni buoni.

Poi si comincia a vacillare, a sudare, ad avere paura, a vomitare.

Il telefono squilla… *dov'è? Oddio, dov'è? Mamma, cado, sto per morire… aiuto, mamma, perdonami… mamma.*

Cose così.

Due giorni di ospedale. Lavanda gastrica, nel timore che abbia ingurgitato qualcos'altro.

E qui, succede una cosa strana.

Una mattina, si sente contenta di essere viva.

Probabilmente per la prima volta.

Eppure non è certo un bel posto. Così, senza una ragione precisa. La finestra aperta, l'infermiera, un po' di sole, rumori nei corridoi, voci.

Riemerge la forma benigna. Un misto di gioia nostalgica e di struggente tenerezza.

Ma dura poco.

Prima di tutto, la mamma piange; e se uno piange non è che ti puoi mettere a piangere anche tu, diventa una cosa ridicola.

Il babbo rimane sulla porta, facendo il broncio. Qualcuno deve avergli intimato di evitare i rimproveri, e quindi non sa cosa fare. Si dà un contegno guardandosi intorno, e poi comincia a sistemare gli oggetti sul comodino.

I suoi genitori…

Vivono braccati. Ossessionati da categorie.

Buono, cattivo. Giusto, sbagliato. Bello, brutto.

La sera a letto, probabilmente, passano in rassegna tutto quello che hanno fatto durante la giornata, tutte le cose nelle quali si sono imbattuti. Buono, sbagliato, cattivo, brutto, giusto, bello.

Calcolano febbrilmente e, se i conti non tornano, barano.

È così che l'hanno ingannata. Ma lei l'ha scoperto comunque.

Avrà avuto undici anni, si è guardata allo specchio e ha saputo di non avere assolutamente niente di speciale. Una bambina qualunque, nessun principe azzurro l'avrebbe portata via sul suo cavallo.

I fatti, in seguito, le hanno dato ragione.

A tredici anni si è innamorata di un compagno di scuola. L'aveva scelto apposta così e così. Né troppo bello, né troppo brillante.

A quell'epoca già lo sapeva di non poter puntare troppo in alto.

Si era lasciata sedurre da una certa dolcezza, da un comportamento nei suoi confronti sempre molto affettuoso, comprensivo.

Non le era venuto in mente che poteva essere semplicemente la traduzione in atti di un sentimento di compassione. Si era lasciata andare.

Fino a che un giorno lui le aveva confessato di essere pazzo d'amore per una ragazza della sua classe.

Bella, naturalmente. E bionda, o giù di lì.

L'amava senza speranze.

Susanna avrebbe potuto ostinarsi, rimanere al suo fianco. Magari alla fine l'avrebbe spuntata. Lui l'avrebbe contraccambiata per gratitudine, avrebbe premiato la sua costanza.

C'erano anche storie che finivano così. Ma erano le storie per gli adulti, che vi cercavano consolazione, antidoti per le proprie frustrazioni.

In fondo erano tutte storie tristi, anche quando finivano bene.

Le fiabe raccontavano un mondo più spietato e più luminoso.

C'erano i gloriosi e gli infami. La gloria poteva essere momentaneamente offuscata, l'invidia la lambiva come un fuoco feroce; gli infami brutti meschini ordivano intrighi, escogitavano macchinazioni, diffamavano, lottavano, ma alla fine i gloriosi trionfavano.

L'ordine naturale non poteva essere sovvertito: i belli e buoni sconfiggevano i brutti e cattivi, spesso senza neanche concedersi il piacere di punirli; il più delle volte era la sorte stessa a castigarne la perversa audacia.

Qui comincia un altro capitolo.

Mangiare mangiare mangiare. Vomitare vomitare vomitare.

A un certo punto il cibo diventa nemico.

Ti sfida, ti provoca. Lo divori per odio, lo umili vomitandolo.

Cammini cammini cammini, fino a che non ti senti completamente sfinita.

Naturalmente, diventi molto magra. In genere nascondi le ossa troppo sporgenti sotto i vestiti.

Ma poi viene l'estate, e un pomeriggio che fa molto caldo, tu stai di spalle a tua madre, e sai per certo che lei ti sta osservando, che non ti toglie gli occhi di dosso.

Puoi sentire con assoluta sicurezza il suo sgomento e... sì, ti fa piacere.

Questo un giorno glielo dici.

Non alla mamma, a lui. Quello di adesso, l'ultimo, dopo la donna stupida e la donna antipatica.

Cioè, tanto per cambiare, è lui che si ingegna a strappartelo di bocca.

In questo bisogna dire che sono abili, ci sanno fare.

26 novembre.

Non che la data abbia importanza. Giusto per situare la cosa.

Si potrebbe anche precisare: condominio signorile, terzo piano, riscaldamento eccessivo, una pianta verde nell'angolo, pavimento bicolore a losanghe, tende beige alle finestre. Uomo di mezza età, vestito con eleganza.

La guarda. Aspetta.

Tralalà-lalà-lalà. Trallallalallalà.

Susanna si mette a canticchiare. Questo non l'aveva ancora mai fatto.

È piuttosto divertente.

L'uomo è solo lievemente sorpreso.

Certo, mai dare soddisfazione al paziente, non sarebbe professionale.

Per il momento, nient'altro. Cinque minuti buoni.

Vediamo chi si stanca prima. Vediamo chi la vince.

Adesso il mento dell'uomo trema impercettibilmente, le labbra lottano, resistono.

Pare di sentirlo il rumore degli argini che vibrano vibrano vibrano, e… cedono, sotto la spinta di una risata travolgente, che si riversa nella stanza allagandola, sommergendo tutto quello che si è detto prima: condominio signorile, pavimento a losanghe, terzo piano, pianta verde, tende beige…

"Mamma, papà!" urla Susanna dalla porta, ancora con le chiavi in mano (e le pareti riverberano festosamente il timbro insolito della sua voce). "Sono tornata!"

Eccoli che arrivano dal fondo del corridoio, uno dietro l'altro.

Hanno un'espressione… che preferirei non descrivere.

Se non dicendo che è esattamente quella che Susanna si aspettava di vedere.

Sipario.

Tristezza per una zucchina

Interludio per voce maschile

È vero che oggi il cielo è basso e scuro e la nebbia nasconde la linea dell'orizzonte, e che questo mi predispone alla malinconia.

Ma certo non mi aspetto quanto segue.

Sentite qua.

Esco dal mio studio nella tarda mattinata (ma la luce è piuttosto quella di un tardo pomeriggio), con un sacchetto di plastica nel quale porto un barattolo di yogurt e un po' di frutta e di verdura.

Cammino velocemente, perché la seconda parte della mia giornata sarà densa di impegni.

Le mie braccia oscillano al ritmo sostenuto della mia andatura, e il passaggio di una moto con gran frastuono di marmitta copre solo parzialmente il rumore di vetro e metallo che accompagna i miei passi.

Agito il sacchetto per una verifica: sì, vetro (contenitore) e metallo (coperchio) sbattono insieme.

A questo punto, mi fermo e guardo: il barattolo si è aperto, e lo yogurt ha inondato il contenuto del sacchetto.

Valuto rapidamente l'entità del danno: due mele, un grappolo d'uva e una pera ancora acerba mi sembrano recuperabili. La buccia sana e compatta ha protetto efficacemente l'interno, e quindi basterà sciacquarli.

Ritengo di poter salvare anche lo yogurt rimasto nel vasetto, un cavolo cappuccio e una rotonda melanzana viola.

Decido invece di gettare via una zucchina, che non sarà superfluo descrivere.

È una zucchina di media grandezza, di forma piuttosto regolare e di colore verde scuro, leggermente puntinato di un verde più chiaro.

Al tatto, più che alla vista, la sua superficie è attraversata da rilievi longitudinali, come dei rinforzi, che si incontrano a un'estremità, increspandosi intorno a un disco giallino della grandezza di una moneta da due centesimi.

All'altra estremità si trova, naturalmente, il moncone al quale è stato amputato il fiore.

La polpa è, presumibilmente, ancora giovane e soda, ma la buccia presenta alcune macchie ferrose, e numerose ammaccature che la rendono verosimilmente permeabile e che, di conseguenza, la condannano.

Apro dunque il portellone del cassonetto che mi trovo davanti, e getto dentro la zucchina.

Tutto si compie abbastanza rapidamente.

Nondimeno, ho il tempo di notare che il cassonetto è sorprendentemente vuoto.

Evidentemente nessuno durante la mattinata se ne è servito per gettarvi dei rifiuti.

Ciò nonostante, così come avviene sempre durante questo genere di operazioni, quando il cassonetto straripa di spazzatura, vengo investito da un odore dolciastro e penetrante, dal quale abitualmente fuggo con un inspiegabile sentimento di vergogna.

Oggi, però, mi trattengo un istante di troppo a osservare la zucchina che precipita, fendendo quel fetore nauseabondo, e va ad abbattersi sul fondo sordido con un tonfo, cupamente riverberato dalle fosche pareti del cassonetto vuoto.

E poi giace, sola, circondata da niente.

Dal portellone semiaperto oltre il quale mi affaccio, piove su di lei la luce grigia del giorno, che rende ben visibili le molteplici cicatrici scure che maculano la sua buccia lustra.

Lascio ricadere il portellone: l'immagine di una ghigliottina mi attraversa per un attimo la mente, e subito scompare.

Qualche ora più tardi.

Poco importa che le condizioni del tempo non migliorino, non posso consacrare al cielo plumbeo che un'attenzione pragmatica, volta a calcolare le probabilità di un rovescio di pioggia, e a stimarne le eventuali conseguenze sullo svolgimento dei miei programmi della giornata.

Fino al prossimo appuntamento mi restano appena venticinque minuti, troppo poco per un vero pranzo.

Opto dunque per un rapido spuntino in un bar-tavola calda della zona, dove conquisto l'ultimo sgabello dopo aver sconfitto in un'aspra colluttazione mentale, che assorbe molte delle mie energie, un giovanotto dalla subdola arroganza.

Sto masticando un legume fibroso, quando all'improvviso rivedo la zucchina precipitare nel cassonetto vuoto attraversandone i miasmi, toccarne il fondo sudicio, rimbalzare mollemente, e ricadere inerte.

Immediatamente, provo un malessere pungente, a metà fra una sensazione di vertigine e un sentimento di acuta nostalgia.

Il pensiero delle scure escoriazioni della verde lucida buccia della zucchina nel buio desolato e fetido del cassonetto è così insopportabile che lascio cadere le posate sul piatto, e mi precipito a pagare il pasto che non sono riuscito a consumare.

Nelle successive due ore mi credo guarito, e ho modo di attribuire distrattamente il mio stravagante malessere passeggero alle cause più banali: stanchezza, preoccupazioni, un'influenza strisciante.

Ma ecco cosa accade.

Alle quattro del pomeriggio sono nel mezzo di una burrascosa riunione di lavoro.

La persona che siede di fronte a me sostiene opinioni alle quali io sono ferocemente avverso, replico dunque con vigore e perfino con una certa durezza, e per dare forza alle mie infervorate affermazioni colpisco col palmo della mano il ripiano del tavolo di metallo intorno al quale sediamo.

All'istante, si leva un brusio di tintinnanti proteste: bottiglie di acqua minerale e bicchieri di vetro vibrano tutti insieme, con orgoglioso sdegno.

Davanti a me, il mio pallido bicchiere azzurrino ha vomitato acqua, ed è agitato da un tremito di paura, o forse di umiliazione e di vergogna.

Sudo, mi alzo, mi risiedo.

Chiedo il permesso di uscire, che mi viene accordato.

La sollecitudine solidale dei miei colleghi che un momento più tardi mi raggiungono nel corridoio, mi prova, fortunatamente, che ascrivono l'incidente appena occorso alla mia natura eccessivamente passionale.

Le sei e mezza del pomeriggio.

Comincia a piovere, ma io non me ne curo, perché dopo una breve corroborante passeggiata mi trovo adesso all'interno di una galleria d'arte, dove si inaugura una mostra.

Intorno al buffet, allestito in un angolo della saletta nella quale sono esposte le opere di un pittore ancora sconosciuto ai più, si raccoglie una piccola folla di persone.

Non posso annoverare fra i presenti veri e propri amici, ma l'ambiente colto e disinvolto mi è congeniale, e mi sento perfettamente a mio agio.

Sono impegnato a discorrere con una raffinata signora dall'aspetto brillante e, se si esclude l'istante fugacissimo durante il quale una fantasia perversa me la rappresenta, morta, sul marmo di un obitorio, sto innegabilmente traendo piacere dalla nostra conversazione.

Le parole che scambiamo sono piuttosto banali, ma vengono largamente valorizzate dagli sguardi evocativi che la donna mi rivolge e che mi inducono a ingerire quantità esagerate di uno scadente prosecco.

Comincia con un ronzio.

Dal ronzio scaturisce, fulminea, l'apparizione lancinante della zucchina, sommersa, ormai, da una valanga di rifiuti imputriditi.

La ricaccio indietro afferrandomi al sorriso carezzevole della mia interlocutrice.

Ma devo constatare, sgomento, che non riesco più a sentire niente di ciò che mi dice, perché sto ascoltando mio malgrado, con penosa partecipazione, i gemiti strazianti del parquet, calpestato con crudeltà inumana da scarpe stivali e stivaletti, e addirittura trafitto da efferati tacchi a spillo.

Inutile raccontare nel dettaglio il seguito della mia giornata, disseminata di analoghi episodi.

A cena, imploro pietà per il fusillo grondante salsa rosso sangue, che la forchetta ha brutalmente trapassato.

A più riprese, chiedo perdono alla poltrona, che esala sospiri di stanca rassegnazione.

Di notte, sorveglio con commossa riconoscenza l'umile solerzia della lavatrice.

Un sonno pesante e vuoto mi proietta infine verso un giorno nuovo, del quale, senza ancora aprire gli occhi, comincio ad assaporare con sollievo la rassicurante ottusità.

...

1966
Racconto

"Va bene che i tuoi non sono ricchi, ma non è una ragione per mandarti in giro così."

Di sicuro si tratta di un tranello, Rosanna è maligna.

A volte, addirittura malvagia.

Il fatto è che la famiglia di Milena *è* ricca.

Non veramente ricca, ma benestante, e di certo molto più ricca della famiglia di Rosanna, il cui padre fa il pastore – in casa loro gli scendiletto sono pelli di pecora aperte, con tutte le zampe.

Sullo sfondo, in pieno inverno – freddo strisciante, però, com'è sempre da queste parti, per niente aspro – le palazzine a tre o quattro piani più terrazzo condominiale, di recente costruzione, ma con l'intonaco già cascante.

Questa è una città di provincia, in mezzo alla campagna, nel 1966.

Come dire, dunque, un campo minato, disseminato di ordigni inesplosi, potenzialmente mortali, che bisogna cercare di individuare e disinnescare, con estrema cautela. Ordigni di questo tipo possono nascondersi dovunque.

Per esempio, nel livido lampo velenoso che attraversa guizzando lo sguardo del commerciante di generi alimentari, fermo alle sette e mezza del mattino sulla soglia del suo negozio ancora deserto.

Oppure dentro le aule della scuola media.

O ai corsi di danza classica, fra le allieve in pagliaccetto e calzamaglia.

Per non parlare di Rosanna, appunto.

“È il cappotto di mia sorella,” risponde Milena senza alzare lo sguardo. “La mamma dice che tanto cresco in fretta, è inutile spendere soldi per la sarta. E poi,” aggiunge vilmente, improvvisando, “le maniche troppo lunghe si possono srotolare se fa molto freddo, così non c’è bisogno di comprare i guanti.”

Rosanna scruta Milena con occhi cattivi, ha un mezzo sorriso minaccioso, sembra pronta a colpirla se dovesse tradirsi sbagliando la sua battuta che, per tacita intesa, non deve lasciar trapelare nulla dei suoi privilegi.

Non si tratta soltanto di soldi. La famiglia di Milena esercita sugli abitanti della città una seduzione misteriosa e tenace.

Non è una famiglia come le altre.

In primo luogo, è eccezionalmente numerosa, fratelli e sorelle formano una società autonoma e molto variegata, benché alcuni tratti fisici, caratteriali e culturali li connotino in modo inequivocabile, rendendoli simili fra loro e indubitabilmente diversi da tutti gli altri.

La loro presenza in questa zona periferica della città è, d’altronde, un’irritante anomalia, se non addirittura un’aperta provocazione.

Vivono in una grande casa che da poco è stato necessario ingrandire ulteriormente, rialzandola di un piano.

La casa è piena di libri sparpagliati un po' ovunque con tranquilla noncuranza, mentre in tutte le altre abitazioni del quartiere, e in quasi tutte le abitazioni della città, i libri sono oggetti rari, maneggiati con diffidenza o con timore, o magari esibiti ossequiosamente in rilegature di similpelle con le scritte dorate.

La grande famiglia si muove liberamente attraverso molte stanze piccole e disordinate, la cui assegnazione viene incessantemente ridefinita.

In nessun'altra casa di questa città le stanze vengono designate, come in questa, secondo il colore dominante o una loro inessenziale funzione.

Qui ci sono una *stanza del telefono* e un *salottino verde*; la coorte di palazzine che cagnescamente la sovrastano possiede, al massimo, camere da letto, bagni, cucina, salotto e tinello.

In questo quartiere moderno, edificato rubando ai campi di grano o di orzo e agli uliveti, sopravvivono solo poche villette con ambizioni borghesi ampiamente frustrate.

Due di queste villette si trovano alla destra e alla sinistra della grande casa, in una riluttante prossimità che rende più percettibile e dolorosa la palese inferiorità della loro condizione.

Tanto per cominciare, il vasto giardino con alberi alti e frondosi fa sfigurare i giardinetti dei vicini, ornati di ortensie e di gerani, chiusi lungo tutto il perimetro fino al cancello di ferro ritorto da siepi fitte e astiose, e lastricati compostamente di larghe piastrelle dozzinali, fra le quali cresce qualche disciplinato filo d'erba.

Nella grande famiglia nessuno indossa gli abiti della domenica. Anzi, nessuno sembra fare una formale distinzione tra i giorni lavorativi e i giorni di festa.

Le punizioni corporali, rigorosamente bandite nella famiglia di Milena, sono una pratica diffusa ovunque in città; Rosanna stessa viene a scuola ogni tanto con le gambe segnate dalla cinghia del padre.

In questi casi, il suo sguardo acre sfida Milena come dall'alto di un sentimento di sprezzante orgoglio e Milena, naturalmente, si guarda bene dal fare commenti, dall'esprimere solidarietà, disapprovazione, o peggio, compassione.

Tutti gli abitanti della città la sera della Vigilia cenano di magro, e assistono, vestiti con i loro abiti migliori, alla Messa di mezzanotte nell'enorme, spoglia cattedrale, o in una brutta chiesa di cemento. Il giorno di Natale pranzano interminabilmente nel salotto buono, con brodo, lasagne e tacchino ripieno, fra numerosissimi parenti stipati intorno al tavolo di legno lucido, ricoperto per l'occasione di una tovaglia di un bianco immacolato.

E la mattina dell'Epifania i bambini svolgono con precauzione il loro pacchetto dall'involucro di carta rosso e oro, e gli adulti, con un sobrio rituale, si scambiano doni prevalentemente utili e austeri.

A casa di Milena, invece, si scartano chiassosamente regali superflui la sera di una Vigilia di Natale privata di qualsiasi riferimento religioso, nel corso di una cena incoerente e sgangherata, il più delle volte senz'altra parentela che fratelli, sorelle e genitori.

Il 25 a pranzo, si mangiano negligentemente gli avanzi della sera precedente, e la mattina del 6 gennaio i figli più piccoli svuotano calze colme di dolciumi, senza ignorare che la Befana che le ha riempite non ha trovato il modo di esistere.

Nella famiglia di Milena sono tutti abili nell'uso delle parole.

Le parole trascendono il senso e l'emozione, provocano frustrazione o ebbrezza.

Una graduatoria recondita e spietata ordina padre, fratelli e sorelle (non la madre, in mansueta opposizione) secondo le rispettive capacità dialettiche, ignorando quasi del tutto ogni altro merito o demerito.

Nessun estraneo osa scendere nell'agone.

Ammaliata e inerme, l'intera città non ha che il diritto di scegliere fra subalterna inclusione e ostile rifiuto.

Nella società segreta Milena ci ha creduto.

A quasi tredici anni, è così affamata di ritualità che sarebbe disposta a credere a qualunque cosa che avesse il crisma di un atto sacrale. E questa volta lei e le sue amiche hanno fatto le cose con impegno, secondo codici antichi, ricavati da vecchi libri.

L'iniziativa è stata sua, ma le altre, Rosanna, Antonella e Lidia, vi hanno aderito senza alcuna visibile ironia, senza neanche l'apatico scetticismo con il quale accolgono in genere le sue entusiastiche proposte di giochi e finzioni, sempre eccessivamente romanzeschi, spesso fastidiosamente puerili.

Tutte insieme hanno steso un regolamento, democraticamente discusso, e firmato il patto con il sangue.

E poi hanno fissato il primo incontro clandestino per il venerdì, in piena notte, naturalmente, nel cortile del palazzo dove abita Antonella.

A Milena è toccato, dopo aver ottenuto senza difficoltà una specifica deroga, mettere al corrente dell'appuntamento segreto la sua sorellina, che dorme nella stessa stanza, assicurandosene il silenzio con promesse e minacce.

Rimangono tutte e due sveglie nel letto, con grande sforzo – Milena controllando in continuazione l'orologio – fino a mezzanotte meno un quarto, quando si vestono in tutta fretta e, tenendosi per mano, si inoltrano nel corridoio buio.

Brivido di terrore sulle scale, perché le aste sottili della ringhiera di ferro vibrano, emettendo un suono di chitarra, e la mamma grida:

"Chi è?" in tono di allarme, per fortuna subito sopraffatto dal torpore notturno.

Ma il cortile di Antonella è deserto, e così quello di Rosanna (chissà, magari Milena ha capito male); e anche sotto il palazzo di Lidia, dove arrivano verso mezzanotte e tre quarti, non c'è nessuno.

Tornando mestamente verso casa, le due ragazzine si imbattono nel padre di Antonella, in compagnia di due amici, tutti piuttosto alticci.

L'uomo le guarda con occhi colmi di annebbiato stupore, comprensibilmente esterrefatto, al punto che non trova niente da dire o da fare, tranne inseguirle con lo sguardo finché non svoltano l'angolo, resistendo all'impulso di mettersi a correre.

Ne parla invece il giorno dopo, quando Milena entra con le amiche nella sua merceria.

E per fortuna. Altrimenti quelle non le crederebbero neanche, tant'è vero che poco prima hanno reagito alla sua richiesta di spiegazioni con qualche risatina indifferente, come fosse soltanto un'altra delle sue fantasiose simulazioni.

Lidia e Antonella, almeno; perché Rosanna, invece, se n'è stata zitta, con un'espressione strana.

Un sabato pomeriggio, Milena è a casa di Rosanna, loro due sole, nella cameretta con i lettini gemelli che l'amica divide con la sorella più grande.

"Non mi pare granché," fa Rosanna, esaminando con una smorfia un vecchio disegno di Milena che tiene fra le mani.

In effetti, il leone che campeggia su uno sfondo verde scuro, come una foresta nordica, ha poco del leone vero che, peraltro, vive nella savana.

Pare piuttosto un animale mitologico, con l'enorme testa interamente incorniciata da una maestosa criniera arricciata, e il corpo rachitico sostenuto da quattro zampe secche e legnose come bastoncini.

Non che si potesse aspettarsi troppo da una bambina della terza elementare, ma il grosso nove rosso che è stato apposto a suo tempo sul disegno è un voto visibilmente sproporzionato ai meriti dell'esecuzione, abbastanza imprecisa, con i colori che escono fuori dai bordi. Come se non bastasse, la maestra ci aveva perfino scarabocchiato accanto un commento di elogio, con due entusiastici punti esclamativi. Quando invece, le nitide e ligie rappresentazioni di Rosanna, con i soggetti ben delineati e le tinte perfettamente contenute dal disegno, avevano ottenuto sistematicamente poco più della sufficienza. Di questa palese ingiustizia le due amiche sembrano prendere coscienza soltanto adesso, e non è una cosa piacevole.

D'altra parte, l'idea di andare a ricercare i rispettivi quaderni di scuola di tanto tempo prima per metterli a confronto e magari farsi insieme qualche risata è stata di Rosanna, il che significa che quasi di sicuro nasconde uno scopo recondito.

Milena ne ha la pressoché matematica certezza quando si rende conto, con un brivido, che tutt'intorno alla cameretta c'è un silenzio davvero insolito, considerando quanto l'appartamento sia densamente popolato nei giorni non lavorativi, come oggi: la madre, il padre, un giovane zio, la sorella, la nonna, e perfino una bisnonna cieca che parla poco, ma della quale si sente in genere l'incessante indaffararsi fra cucina e tinello.

"Me lo regali?" chiede Rosanna, in tono di provocazione

"Ma se non ti piace..." obietta Milena.

"Non mi piace, ma lo voglio conservare, così, per ricordo."

Magari invece ha soltanto intenzione di distruggerlo, per rabbia, o per vendetta.

"Questo non te lo posso dare, mia madre ha detto che vorrebbe incorniciarlo."

L'argomento è debole, e Milena se ne serve senza convinzione: nessuno in famiglia ha mai fatto caso ai suoi disegni, né ai suoi successi scolastici, considerati del tutto irrilevanti.

"Addirittura," dice Rosanna con un sorrisetto.

In generale Rosanna non sa sorridere.

Sembra sempre che sorrida controvoglia, oppure con un'intenzione particolare, il più delle volte malevola.

Le labbra troppo sottili si stirano forzatamente sui denti

piccoli e regolari, aprendo appena uno spiraglio dal quale filtra una luce debole e fredda, che si spegne con lentezza, senza avere minimamente illuminato la sua espressione.

Ma questa volta il suo sorriso pare nientemeno che perverso.

Nella stanza l'aria è improvvisamente più spessa.

"Tu sei andata a raccontare ad Antonella che l'amica di mia sorella ha fatto l'amore in un campo!" urla Rosanna incongruamente, di punto in bianco.

L'accusa non è del tutto infondata, ma un'ammissione potrebbe essere nefasta.

"Non è vero," si difende Milena, "Antonella lo sapeva già..."

Non ha il tempo di dire altro, perché all'istante, con gran fracasso di grida recriminatorie e un impressionante agitarsi di braccia che vogliono afferrarla, fanno irruzione tutti insieme – eccettuata solamente la bisnonna cieca – travolgendola, sommergendola, e Milena allora si figura che siano rimasti dietro la porta a origliare per ore, preparando l'agguato.

La strattonano, la spintonano, urlando ingiurie con facce stravolte e spaventose.

Il padre di Rosanna la prende perfino a calci, prima di lasciarla sullo zerbino a piangere, più di vergogna, però, che di indignazione.

Milena rientra a casa molto scossa, naturalmente, e solo dopo lunghe insistenze si lascia convincere dalla mamma a raccontare l'accaduto.

A cena, i fatti vengono esposti alla presenza di tutta la famiglia, compresa la vecchia domestica, che ascolta non parendo, con espressione furba, mentre sparecchia la tavola.

Per la verità, il racconto di Milena, confuso, slegato e inframmezzato dai singhiozzi, non consente a nessuno di farsi un'idea precisa delle circostanze che hanno dato luogo all'aggressione.

Segue un dibattito abbastanza acceso, con molte digressioni, al termine del quale si opta, più o meno di comune accordo, per un atteggiamento di distaccata neutralità che, d'altronde, nelle settimane successive, nessuna autogiustificazione e nessun tentativo di riconciliazione da parte della famiglia di Rosanna vengono a ostacolare o sollecitare.

Abbandonata in balia del proprio persistente sentimento di vergogna, Milena finisce per individuare un groviglio di responsabilità, che implicano le abitudini della sua famiglia, la sua casa, il suo giardino, e che le impongono un rigoroso percorso di espiazione e una dolorosa abiura.

Le vengono in odio cose che fino ad allora le erano parse il segno di una superiore indifferenza verso dettagli futili e senza importanza: per esempio, il grembiule di scuola della sorella più piccola, gualcito e pieno di macchie, con il fiocco rosa sfilacciato e molle.

Perfino sua madre, dalla quale le è penoso separarsi anche soltanto per andare a scuola, perfino la sua adorata mamma le fa rabbia: sempre in vestaglia e pantofole, quando non è addirittura a letto per ore, in pieno giorno, spesso imbottita di tranquillanti, *e perché no, visto che se lo può permettere.*

Milena ci prende gusto a trattarla sgarbatamente, tanto in casa sua la punizione più terribile che le può essere assegnata consiste in una multa (una multa!) di variabile entità, che va a intaccare il suo mensile, figuriamoci, lei non sa mai che farsene.

Fino alla fine della primavera patisce, senza rassegnazione, il muto ostracismo cui è stata condannata dall'amica, e solo all'inizio dell'estate osa compiere i primi passi verso un cauto riavvicinamento.

Un caldo pomeriggio, al ritorno da scuola, Rosanna le permette di accompagnarla fino al portone del suo palazzo.

Trovandolo aperto, le due ragazzine salgono insieme sul terrazzo condominiale, dove rimangono un lungo momento senza parlare, a guardare la distesa di spighe mature che il vento muove come onde dorate, mentre il filo sottile della loro amicizia comincia forse faticosamente a riannodarsi.

Qualche giorno dopo, lei e Rosanna scortano insieme la bisnonna cieca durante una passeggiata fra gli ulivi dell'antica fattoria, dietro l'ultimo gruppo di palazzine che fronteggia la campagna.

E la settimana successiva Milena è infine riammessa in casa dell'amica.

Quando suona al portone per la prima volta dopo tanto tempo, il cuore le batte forte, e al citofono la sua voce vacilla in una gracchiante sospensione, interrotta, finalmente, dal trillo sordo del pulsante che fa scattare la serratura.

È un pomeriggio feriale, e il padre e lo zio sono fuori nei campi.

La bisnonna cieca sonnecchia nel tinello, e la madre, la sorella e la nonna vanno e vengono con operosa indifferenza.

Il ticchettio sgranato dell'orologio a muro amplifica il silenzio.

***

La gatta di Milena ha partorito tre giorni fa.

È una gatta bianca e, senza troppo applicarsi, qualcuno in famiglia le ha attribuito il nome di Bianchina.

Ha messo su un carattere piagnucoloso, e ha il tipico aspetto abbattuto e sciatto che è comune a tutti gli animali che la famiglia ha accolto e accoglierà negli anni, senza stabilire con loro altro rapporto che quello di una indifferente e saltuaria convivenza.

Durante una delle sue frequenti fughe, dev'essersi accoppiata con chissà quale gattaccio del quartiere.

Non è la prima volta, e a ogni parto viene fuori un numero variabile di gattini, subito affamati e pigolanti, che il giardiniere si assume l'incarico di far sparire, secondo modalità delle quali non si conoscono i dettagli.

Stavolta i gattini sono sei, quattro maschi e due femmine, nati su un cumulo di biancheria sudicia, dentro un armadio a muro nel quale hanno rischiato di morire soffocati, perché il pertugio fra le due ante attraverso il quale la gatta era entrata è stato distrattamente richiuso, e madre e figli sono rimasti intrappolati lì dentro per almeno due giorni.

Questo, secondo quanto Milena ha sentito raccontare sbrigativamente dalla domestica al fattorino che porta la spesa il giovedì mattina, tanto per fare due chiacchiere, mentre quello deponeva la cassetta di compensato colma di vettovaglie sul tavolo della cucina e le porgeva la matita che aveva sfilato da dietro l'orecchio per farle firmare la ricevuta.

Quel racconto non ha turbato Milena più di tanto; riguardo alla gatta i suoi sentimenti sono ancora grossomodo allineati su quelli che la bestiola suscita in famiglia: un senso di fastidio, appena mitigato da una generica pietà.

Più o meno, insomma, l'obolo che da tutti loro viene accordato di buon grado a qualunque essere vivente che non vanti attributi eccezionali.

Anzi, Milena ha appena intravisto ieri la sua cisposa cucciolata e ne ha provato più ribrezzo che pena.

Ma oggi, mentre Rosanna la riaccompagna verso casa, lei è alla ricerca di un pretesto plausibile per attirarla almeno entro il perimetro del suo giardino, che sembra ormai ispirare all'amica una invincibile ripugnanza.

Non la esprime a parole, certo, ma il suo atteggiamento dice chiaramente che il cancello della casa di Milena è una linea di confine che lei non intende più attraversare.

Si vedono fuori o a casa di Rosanna, ma da Milena mai.

Eppure, ragiona Milena, dall'alto della posizione preminente che ha ora raggiunto, Rosanna dovrebbe essere disposta ad accordarle un po' di indulgenza.

A differenza di Milena, è molto cresciuta negli ultimi mesi.

La supera nettamente in altezza e, unica fra le sue coetanee, indossa addirittura un reggiseno.

Non porta più i capelli corti, con la scriminatura faticosamente tracciata nell'intrico dei ricci spessi e duri, ma ha una pettinatura da donna, con i capelli tirati indietro e stretti in una breve coda bassa, che li forza a rimanere lisci e aderenti alla testa.

Tutto questo costituisce un vantaggio che visibilmente la inorgoglisce, e che Milena, naturalmente, si guarda bene dal contestarle. Ma non vale a farla recedere dalla sua muta e sdegnosa ostinazione.

Stanno oltrepassando le siepi della villetta accanto a casa di Milena.

Qui vive una coppia di mezza età, i signori Giovanardi.

Non hanno figli e la loro casa è stata, fino all'arrivo della grande famiglia, il più notevole edificio del quartiere.

Forse per questa ragione non hanno mai visto di buon occhio nessuno di loro, né lei, né i suoi fratelli, né i suoi genitori.

I Giovanardi sono entrambi insegnanti di liceo, e la moglie ha un qualche rapporto di parentela con la famiglia di Rosanna.

Per sua fortuna, si tratta di un rapporto abbastanza vago, il che le permette di eludere completamente gli obblighi che i legami familiari fatalmente comportano, soprattutto qui in provincia, e il cui adempimento, data la distanza sociale e culturale che separa le due famiglie, risulterebbe per lei piuttosto imbarazzante.

Salvo che non si tratti di svolgere un'attenta sorveglianza nei confronti di Rosanna e della sorella, e di farne poi, con fredda contegnosità, l'esatto rapporto ai genitori.

Attraverso il verde dei pitosfori si indovinano, l'una accanto all'altra, le due poltrone a sdraio, dove i coniugi Giovanardi siedono, assorti, a quanto pare, nella lettura dei giornali.

A questo punto, come sempre ormai, Rosanna rallenta ostensibilmente il passo, certo per significare che intende congedarsi dall'amica prima che lei abbia avuto il tempo di aprire il cancello che dà accesso al suo giardino.

"Vuoi vedere i gattini?" chiede Milena all'improvviso.

"Quali gattini?"

"La nostra gatta ha partorito, tre giorni fa."

Rosanna la osserva con espressione diffidente, ma Milena sa di aver fatto breccia, perché a Rosanna piacciono gli animali.

Tutti, perfino le pecore di suo padre.

Avrebbe voluto un cane.

Il padre ne tiene uno nei campi, macilento e ringhioso, sempre a catena, quando non sorveglia il gregge.

Rosanna lo nutre di nascosto, appena può, con gli avanzi che riesce a mettere da parte. A suo rischio, perché il padre lo vuole affamato e pericoloso.

Una volta c'è andata anche Milena, ma si è tenuta a distanza, per paura. Del cane e anche del padre di Rosanna, che poteva arrivare da un istante all'altro, e si sa come l'avrebbe presa.

"Non sapevo che fosse incinta," dice Rosanna, probabilmente solo per prendere tempo.

"Quattro maschi e due femmine," replica Milena. Poi aggiunge senza sincerità:

"Sono molto belli."

Rosanna esita, si vede che è sulle spine.

Un rossore rabbioso le sale al viso, restituendole per un momento il suo aspetto infantile.

"Dove li tenete?" chiede bruscamente.

"In una cesta, nel locale della caldaia."

Quando aprono la porta di ferro, nella stanza semibuia c'è un'aria soffocante.

Un odore pesante e torpido si è insinuato dappertutto e ha impregnato ogni cosa.

La gatta sta allattando, distesa su un mucchio di stracci anneriti. Tira appena su la testa ed emette un flebile miagolio timoroso.

Rosanna si tiene sulla soglia per un po', tutta rigida, a fissare la scena con uno strano sguardo lucido, come avesse la febbre alta.

"La ciotola è vuota," dice infine a voce bassa e rude, indicando una piccola scodella di plastica che è lì per terra, sul piancito di cemento. "Manca l'acqua, non lo vedi? Deve bere molto per poter allattare."

È una fortuna che il giardiniere si sia preso una brutta bronchite perché, in sua assenza, nessuno si assume il fastidioso compito di prelevare i gattini, distraendo la gatta con del cibo e poi chiudendola da qualche parte a sfogare la sua afflizione con miagolii disperati.

Così per qualche giorno, ogni pomeriggio le due amiche possono darsi appuntamento al cancello, fare il giro per il retro, e andare insieme nel locale della caldaia.

Dove, se non fosse per Rosanna, a Milena il tempo sembrerebbe scorrere con lentezza esasperante, tutte e due lì sedute a contemplare la gatta spossata e sonnolenta, assediata da quegli esserini che si contendono furiosamente le sue mammelle, o impegnata a pulirli coscienziosamente uno per uno.

Quando non dormono addirittura tutti, accatastati uno sull'altro, e allora non c'è davvero niente da osservare, e il caldo è insopportabile, ma almeno si possono scambiare due parole – a voce bassa, per non disturbarli –, in attesa che si sveglino e che lo spettacolo ricominci, sempre più o meno uguale.

I gattini non si possono ancora toccare, ammesso che a qualcuno gliene venga la voglia, tutti arruffati e brancolanti, *perché se no la gatta si sdegna e poi li lascia morire di fame*, così ha detto Rosanna.

In casa lei non entra mai, al massimo vi spedisce Milena a prendere cibo e acqua, o qualche straccio pulito per la cuccia.

Milena per il momento la asseconda, meglio non insistere.

Invitarla esplicitamente a entrare avrebbe come conseguenza quasi certa di ottenere un rifiuto altrettanto esplicito e, per ciò stesso, definitivamente ineludibile.

Preferisce aspettare con pazienza (la pazienza è una virtù della quale ha ormai imparato ad apprezzare i benefici), finché non si presenterà un'occasione, un caso non voluto e imprevisto, che coglierà Rosanna impreparata a resistergli.

Certo, per il momento i segnali non sono incoraggianti.

Sempre quell'esitazione ombrosa prima di decidersi a varcare il cancello (con un'occhiata rapida al giardino dei Giovanardi, attraverso la siepe di pitosfori), e soprattutto quella improvvisa, vigile immobilità, quell'immediata espressione di allerta se, mentre sono lì nel locale della caldaia a far la guardia alla gatta, si sentono passi avvicinarsi, strascicati o frettolosi, sul ghiaino, fino a che, chiunque diavolo fosse, non sia passato oltre e non abbia aperto e richiuso il portone di casa.

L'altro giorno però, per non morire di caldo, hanno lasciato socchiusa la porta del locale, e Antonio, il fratello più giovane di Milena, che ha cinque anni più di lei, a sorpresa, compare sulla soglia.

Ha un bel viso aperto e lunghe braccia ciondolanti, delle quali non sa mai bene cosa fare.

In quel momento la gatta si è appena trascinata pigramente fino alla scodella e sta bevendo, i gattini dormono, e Rosanna sta preparando una cuccia pulita nell'angolo più fresco, presso l'unica finestrella protetta da un'inferriata.

La gatta fa un salto all'indietro, tutta ingobbita, con un miagolio roco, e Rosanna si ferma di botto e arrossisce fino alla radice dei capelli.

C'è un attimo di nulla, intriso di caldo e di odori.

"Che ci fate qui al buio, non si respira qua dentro, volete morire soffocate?" dice Antonio, strizzando gli occhi per riuscire a vedere qualcosa.

"Chiudi la porta per piacere, se no fai scappare la gatta," risponde Rosanna con voce lenta e cauta, come un domatore che tenga a bada una belva.

"Ah, sei tu, Rosanna!" dice lui con un sorriso impacciato che si vuole indulgente, da ragazzo più grande – però negli occhi, perfino in penombra, gli si legge chiaramente un'aria di compiaciuto stupore. "Ma lo sai che non ti riconoscevo? Accidenti, sei diventata una ragazza..."

Poi si rivolge a Milena:

"E tu che aspetti a crescere? Rosanna si vergognerà a farsi vedere in giro con una mocciosa come te. Dico bene, no?" prosegue ammiccando a Rosanna, con finta disinvoltura. "Dev'essere per questo che ve ne state nascoste qui dentro..."

Ride della sua battuta da solo, stolidamente, poi aggiunge, senza malignità:

"Ma non avevate litigato voi due?"

"Chiudi la porta per piacere," dice Milena, in tono impaziente, benché la gatta a questo punto si sia accovacciata in un angolo e non sembri intenzionata a far altro che tenere d'occhio Antonio e soffiargli contro piuttosto debolmente.

"Figurati se quella scappa," risponde lui senza darle retta.

"Al massimo va a farsi un giro, ma sempre qui deve tornare, chi vuoi che se lo prenda questo impiccio di gatta."

Non è la gatta che preoccupa Milena.

Rosanna invece, lei sì, sembra sul punto di fuggire.

Si vede bene che è tesa, imbarazzata, confusa.

Tanta pazienza, tante cautele vanificate forse da questa sciocca intrusione.

C'è un lungo silenzio, Rosanna ha uno strano sorriso tirato e immobile sulle labbra, e gli occhi le luccicano come se stesse per piangere, ma non c'è neanche da pensarci, lei non piange mai, nemmeno quando il padre la picchia, figuriamoci.

"Perché non entrate in casa, o non ve ne state in giardino a prendere il fresco sotto gli alberi?" dice infine Antonio.

"Grazie," risponde Rosanna con una voce piccola e monocorde, insolitamente gentile, "preferiamo restare qui con la gatta."

"Mi sembrate matte," fa Antonio, andandosene senza fretta e richiudendo la porta.

È una giornata particolarmente afosa, e Rosanna ha avuto il permesso di uscire con i sandali e le gambe nude.

Dev'essere un sollievo, e non solo per il caldo.

D'inverno, era venuta a scuola una volta con le calze di nylon trasparenti di sua sorella, invece che con i calzettoni di cotone traforati, che la facevano sembrare una bambina, e il padre allora l'aveva frustata di santa ragione, ha avuto i segni sui polpacci per almeno dieci giorni.

Sono sedute per terra, Rosanna sopra un giornale aperto per non sciupare il vestito nuovo con le maniche corte a sbuffo, confezionato dalla nonna con un tessuto a fiorellini gialli e rosa.

È di certo un abito pensato per le occasioni importanti, come una festa di compleanno, o la messa della domenica, è inverosimile che glielo abbiano lasciato indossare oggi, per venire qui nel locale della caldaia (ammesso che i suoi siano al corrente delle sue visite alla gatta).

Ma poi si viene a sapere che il padre è fuori città per qualche giorno, e allora la faccenda si spiega, le toccherà tutt'al più un ceffone della madre, che è veramente poca cosa, e magari andare a letto senza cena.

Però è strano vederla così.

Soprattutto a Milena dispiace, perché le sembra che quel vestitino non le stia per niente bene.

I fiorellini colorati stampati sulla stoffa, le maniche gonfie e strette intorno al braccio con la fettuccia di raso, la foggia vezzosa stridono con l'espressione dell'amica, matura e quasi grave.

Se ad Antonio saltasse in testa di affacciarsi un'altra volta, pensa Milena con angoscia, è probabile che, per fare lo spiritoso, se ne uscirebbe con qualche battuta delle sue, si metterebbe a canzonarla, e così ferirebbe Rosanna a morte, e questo Dio sa a quali dolorose conseguenze potrebbe portare.

Per cui, Milena fatica a dominare una certa apprensione, e guarda continuamente verso la porta, che comunque oggi è stata prudentemente richiusa.

Anche Rosanna si lascia sfuggire qualche occhiata in quella direzione, anche lei sembra a disagio, seppure non esattamente nello stesso modo.

Il minimo rumore proveniente dall'esterno cattura tutta la sua attenzione.

Ha un'aria svagata e distratta, come fosse in attesa di un evento decisivo, il cui possibile approssimarsi la rende inquieta quanto la sua dilazione.

Invece non succede niente, se non che Rosanna si fa pensierosa e più taciturna del solito, e a fine pomeriggio il suo umore diventa impossibile, ogni pretesto è buono per cercare di litigare, anche se Milena è attenta a non dargliene l'occasione.

"Che cosa ne farete?" chiede Rosanna tutt'a un tratto, dopo un lungo silenzio ostile, accennando ai gattini.

"Non lo so," risponde Milena, "se ne occupa sempre il giardiniere, ma ora è malato."

"*Se ne occupa sempre il giardiniere...*" le fa il verso Rosanna, e la sua voce ha un accento d'odio che la fa rabbrividire, "perché non sapete chiamare le cose con il loro nome?"

La sera, a Milena torna in mente che a ogni parto della gatta era seguito un attivarsi incongruamente casalingo del giardiniere, guanti di gomma, alti recipienti cilindrici pieni d'acqua, tutto un indaffarato tramestio, porte chiuse e furtivamente riaperte, un sacco scuro per l'immondizia serrato con un elastico e caricato sul furgone, e poi gli interminabili piagnistei della gatta, per qualche giorno inconsolabile.

Ci pensa prima di addormentarsi, e in sogno la sua casa diventa un covo di assassini.

C'è sangue sulle scale, un'acqua torbida e nera ha invaso la stanza di suo padre.

Sotto la sua superficie nuotano mostri ricoperti di scaglie lucenti.

***

Il giorno dopo Rosanna non viene.

"Oggi non posso uscire," le grida dalla finestra.

Forse è in punizione per la storia del vestito.

"Ti devo parlare, è importante," risponde Milena, da sotto, indietreggiando per poterla vedere in faccia.

"Sali," dice Rosanna dopo un momento.

C'è odore di cavoli lungo le scale che Milena fa quasi di corsa fino al quarto piano, troppo impaziente per aspettare l'ascensore.

"Ho pensato," le dice già sulla soglia, senza neanche riprendere fiato, "che potremmo portare i gattini con la gatta da qualche parte, nasconderli in un posto sicuro, almeno finché non sono svezzati, e poi li liberiamo, tanto ai miei che gliene importa, basta che non gli stiano fra i piedi."

"E quale sarebbe questo posto?"

"Non lo so ancora. Una rimessa, oppure un garage che non viene usato da nessuno…"

"Ce l'hai tu questo *garage*?" dice Rosanna, insistendo sulla parola *garage*, come se ne ignorasse il significato.

"No, io no, ma se ne potrebbe cercare uno, pensavo…"

"Quando pensi cerca di pensare fino in fondo," la interrompe Rosanna.

Dopodiché se ne stanno zitte per un po', Milena a rimuginare la propria mortificazione, ma neanche troppo, perché sa che Rosanna ha sempre in serbo qualcos'altro, dopo un'uscita di quel genere.

Una cosa buona o cattiva, inutile fare previsioni, basta aspettare.

E infatti poco dopo dice:

"Vieni di qua," e la trascina verso la sua stanza.

In casa c'è soltanto la bisnonna cieca a lavorare all'uncinetto nel tinello, ma la precauzione non è inutile, si sa che i ciechi hanno l'udito fino.

"Forse un posto così ce l'avrei io," le dice piano, dopo aver richiuso la porta. "È un casotto abbandonato, però non è vicino, è in campagna, dalle parti dove tiene le pecore mio padre, ma ancora più lontano, ci vuole la macchina per arrivarci."

Poi la lascia pensare, come si aspetta che qualcuno risolva un indovinello del quale si conosce la soluzione.

"Antonio ha appena preso la patente," dice finalmente Milena, in tono incerto, timorosa di sbagliare. "La macchina ancora non ce l'ha, ma se la potrebbe far prestare da uno dei nostri fratelli. Posso chiedere a lui di aiutarci."

Rosanna alza le spalle:

"Potrebbe essere un'idea," risponde in tono indifferente.

Ora bisogna agire in fretta, perché c'è il rischio più che concreto che il giardiniere si presenti a casa da un giorno all'altro con tutto il suo sinistro armamentario; un uomo come lui, con una semplice bronchite, se la sbriga in meno di una settimana.

Per fortuna, Antonio si lascia convincere piuttosto facilmente; anzi, sembra che la missione lo diverta, se non altro perché guidare la macchina gli procura ancora un enorme piacere, soprattutto se si tratta di andare fuori dalla città, dove finora non si è mai avventurato senza una persona più esperta.

Non è da escludere, inoltre, che la presenza di Rosanna

costituisca per lui un ulteriore motivo di interesse, di sicuro indovina che può conquistarne l'ammirazione con uno sforzo molto inferiore a quello cui è costretto per attrarre l'attenzione delle sue coetanee.

Ci si accorda per il giorno dopo, nel primo pomeriggio.

Antonio carica di nascosto, da solo, sulla 600 del fratello, gatta e gattini, chiusi in una grossa scatola di cartone con il coperchio bucherellato.

Le ragazze lo aspettano a un incrocio, due o tre isolati più avanti, per non insospettire il vicinato.

Milena ha atteso l'arrivo dell'amica con un po' di apprensione, timorosa di vederla comparire col suo vestitino a fiori.

Invece, grazie al Cielo, eccola venire in pantaloni e con un paio di scarpe da ginnastica.

Sia stato il buonsenso di Rosanna o un'imposizione della sua famiglia, fatto sta che la scelta è perfetta, vestita così sta benissimo, e vederla contenta e in piena forma, con le guance solo lievemente e piacevolmente arrossate, rende Milena addirittura euforica, tanto più che anche Antonio ha l'aria di apprezzare.

Non fa che scherzare con lei, spiandone di sottecchi le reazioni.

E Rosanna è affascinante nella sua sorridente impenetrabilità.

L'itinerario è stato studiato sulla cartina e si arriva a destinazione con pochissimi errori – Rosanna è un secondo pilota attento e diligente.

La campagna è un po' bruciata e fa molto caldo, però si sta allegri, si canta perfino, cioè cantano Antonio e Milena, Rosanna è di ottimo umore, ma non fino al punto da perdere il suo riserbo.

E poi è preoccupata per i gattini, che potrebbero patire il caldo, sono ancora molto delicati.

Non fanno che piangere e lamentarsi tutti, madre e figli, è un miagolio quasi ininterrotto, e lei si volta continuamente a guardare la scatola, agitata da atterriti scossoni lungo tutto il tragitto.

"Buoni, buoni, siamo quasi arrivati," ripete ogni tanto, dando qualche leggero colpetto sul coperchio.

Finalmente ecco il casotto, una piccola costruzione in pietra mezzo diroccata e parzialmente ricoperta dai rampicanti.

La porta, fabbricata con assi di legno inchiodate su un telaio rudimentale, si apre facilmente con una spinta, e all'interno fa abbastanza fresco.

Rosanna si dà un gran daffare per sistemare il ricovero nel modo più confortevole.

La cuccia viene preparata nell'angolo meglio riparato, dove la vegetazione ha preso intero possesso del tetto, impedendo al sole di filtrare attraverso le commessure.

Infine, la scatola viene aperta, la gatta salta fuori con un balzo rabbioso; i gattini invece bisogna adagiarli sulla cuccia uno per uno.

Di questa operazione si incarica Rosanna, naturalmente.

Mai è apparsa a Milena bella come in questo momento, tutta intenta al suo compito con una dolcezza da giovane madre, senza altro pensiero che quegli esserini tremanti, senza neanche uno sguardo per Antonio.

Anzi (davvero strano), senza neanche accorgersi che lui la sta guardando.

Una volta sistemate le ciotole con il cibo e l'acqua, che dovrebbero essere sufficienti per tre o quattro giorni, si potrebbe anche andare, ma Rosanna insiste perché si aspetti finché la gatta non avrà ricominciato ad allattare, e allora si potrà essere sicuri che quel trasloco forzato non sia stato così traumatico da stornarla dalla cura dei suoi cuccioli.

È andata. In famiglia quasi non se ne sono accorti.

Quando il giardiniere è arrivato, il locale della caldaia era deserto, e alcuni sapienti indizi facevano pensare a una fuga.

Come abbia fatto quella bestiola a portar via i suoi piccoli di nascosto resta un enigma che suggerisce una serie di ipotesi, e le possibili motivazioni che l'hanno spinta a un'azione del genere suscitano interessanti riflessioni circa il meraviglioso intuito animale.

Dopodiché non se ne parla più.

Per Antonio non è sempre facile trovare scuse per ottenere in prestito la macchina, ma fortunatamente lui è il solo in famiglia a interessarsi di sport, e così, riguardo al numero, alla frequenza e alla durata delle partite di un immaginario torneo di calcetto fuori città, può fornire indicazioni molto vaghe e contraddittorie, senza che nessuno ci faccia caso, o ne contesti la verosimiglianza.

Intanto, lì in campagna i gattini hanno fatto incredibili progressi, fra poche settimane saranno completamente autonomi.

La gatta soffre un po' la prigionia, bisogna sempre stare attenti che non scappi, quando si apre la porta.

Anzi, una volta non avevano fatto in tempo a richiudere, e quella gli era passata sotto le gambe e se l'era svignata fra i campi.

Si erano messi alla sua ricerca tutti e tre, ognuno in una direzione diversa.

Alla fine l'aveva trovata Milena, ma nel frattempo gli altri due erano scomparsi, e lei si era presa una gran paura, sola in mezzo alla campagna, si era perfino messa a piangere e a gridare, finché non era spuntata fuori Rosanna, tutta stropicciata e spettinata e rossa in viso, e si era data a consolarla.

Era stata davvero una cosa strana da parte sua, e così bella, che Milena non aveva rimpianto quei minuti di terrore.

Rosanna la baciava, la accarezzava, tremando tutta come fosse pieno inverno, invece che un inizio estate piuttosto torrido.

Milena allora aveva continuato a piangere, un po' perché si era davvero presa un terribile spavento, un po' anche perché avrebbe voluto che quel momento non finisse mai.

Poi, dopo un bel po', era arrivato Antonio, fischiettando, da tutt'altra parte.

E naturalmente aveva preso in giro la sorella, dandole della fifona, in un modo particolarmente irritante, come fosse una rappresentazione per un pubblico compiacente.

Che quel pubblico fosse Rosanna, Milena l'aveva capito subito da certe occhiate sfolgoranti che lei gli rivolgeva.

Ci aveva poi ripensato durante tutto il viaggio di ritorno, che si era svolto nel più assoluto silenzio, sembravano tutti improvvisamente tristi e privi di energia.

***

Fin qui la vicenda della gatta.

Invece oggi c'è un'altra novità, che Milena non vede l'ora di comunicare all'amica.

"I miei fratelli organizzano una festa," dice, tutta eccitata, mentre Rosanna la riaccompagna verso casa.

"Che festa?" fa Rosanna in tono scontroso.

Da qualche tempo è un continuo andare su e giù, un po' è allegra e un po' è avvilita e spenta, oppure certi giorni non si riesce a parlarle, sembra che tutto le dia sui nervi.

Probabilmente, oggi è uno di quei giorni.

"Così, una festa da ballo, sabato prossimo," risponde Milena, rintuzzando prudentemente il proprio entusiasmo.

"I tuoi sono d'accordo?" chiede Rosanna dopo un momento.

"Sì, basta che dopo rimettano tutto a posto. Il babbo non ci sarà, la mamma resterà di sopra."

Poi si ricorda che, nell'opinione generale, l'apatica condiscendenza della madre non merita alcuna speciale simpatia, e aggiunge in fretta:

"Però ogni tanto scenderà a vedere."

Rosanna fa un sorrisetto beffardo.

"E chi saranno gli *invitati*?" domanda poi, come se il termine *invitati* fosse soltanto un eufemismo per indicare una categoria di personaggi inqualificabili.

"Amici loro, compagni di scuola e altri."

"Amici e compagni. E con chi ballano?"

"Con chi ballano?"

"Da come l'hai detto, sembra una cosa fra maschi."

"No, certo. Ci saranno anche delle ragazze."

Non sembra che questa indicazione, piuttosto ovvia, sia la più adatta a restituire a Rosanna il buonumore, e allora Milena ritiene di dover precisare:

"La festa la danno i miei fratelli più grandi, saranno amiche loro, compagne di università."

Ciò nonostante, i preparativi coinvolgono tutta la famiglia, e inaspettatamente suscitano un interesse senza diffidenza anche nel vicinato.

Per la prima volta nella grande casa accade qualcosa la cui comprensione è alla portata di chiunque, quel luogo fastidiosamente esotico si appresta infine a ospitare un evento davvero popolare, non un Natale irrituale o un dibattito ozioso su argomenti astrusi, ma una festa con bibite e ristoro, musica ballabile e presumibili risvolti romantici.

Milena aggiorna costantemente le sue amiche, la cui animata curiosità la avviluppa come un rassicurante abbraccio, sui dettagli organizzativi dei quali viene via via a conoscenza: la scelta delle vivande per il rinfresco, la selezione dei dischi, il numero delle persone che ci si aspetta di veder arrivare, fra invitati veri e propri e invitati di secondo grado, ossia invitati degli invitati.

Rosanna non la tempesta di domande come fanno Lidia e Antonella.

È già un miracolo che sia qui, a sentire abbastanza svogliatamente le chiacchiere puerili delle altre, seduta un po' in disparte sul divano del salotto.

"Sua zia," riferisce Antonella in un sussurro, "prima di partire, è andata a parlare con sua madre..."

Si chiarisce più tardi che la *zia* è la signora Giovanardi che, in effetti, è soltanto una lontana cugina della madre di Rosanna, ma si sa che certe parentele sono piuttosto elastiche da queste parti, più o meno strette a seconda dei casi.

Insomma, la signora Giovanardi sarebbe andata a raccomandare alla mamma di Rosanna di stare in guardia e con gli occhi bene aperti, *perché tua figlia ha ripreso a frequentare quella casa con troppa assiduità, e uno di quei ragazzi le ronza intorno in un modo che non mi piace; soprattutto ora che è diventata una signorina, bisogna tenere il collare ben serrato e il guinzaglio ben saldo, non soltanto per la sua reputazione, ci sono anche rischi concreti, quella è gente senza morale…*

Dopodiché ha dato una bella pulita alla sua casa, ha affidato i suoi gerani e le sue azalee a una persona di fiducia, ha chiuso i gioielli di famiglia in cassaforte, e poi marito e moglie hanno caricato il bagaglio, un set di valigie impeccabili, sulla loro Lancia Fulvia coupé bianca e lustra, e sono partiti per il mare.

In che modo Rosanna sia riuscita a evitare che questo colloquio inasprisse ulteriormente la severa disciplina familiare, è davvero un mistero.

Suo padre tornerà a breve, comunque, e c'è da aspettarsi qualche duro contraccolpo.

Per il momento non sembra che Rosanna ci pensi troppo.

Va e viene liberamente, anche se si trattiene meno delle altre e se ne sta gran parte del tempo per conto proprio.

Spesso a leggere, in un angolo, un libro che le ha prestato Antonio.

Quando arriva, dopo pranzo, sembra sempre che sia venuta per un incarico urgente, o un'ambasciata della massima importanza e gravità.

Ha un'espressione determinata e quasi feroce, come se niente al mondo potesse distoglierla dal compiere una sua misteriosa missione.

Nel corso del pomeriggio questo atteggiamento si stempera, fino a dissolversi in un umore incerto, sottoposto a tumultuose oscillazioni.

Come quando, per esempio, Antonio scherza con lei in un modo troppo disinvolto, e allora prende un'aria scontenta, insoddisfatta, se non addirittura offesa.

A Milena, Rosanna rivolge la parola raramente, in tono asciutto, come la ritenesse responsabile di qualche misfatto, ma, se non altro, c'è di buono che sembra le sia passata del tutto la voglia di ferirla con insinuazioni feroci o battute sarcastiche, come faceva in passato.

Una sola volta negli ultimi due giorni ha accennato alla gatta, per esprimere a mezza bocca il dubbio che l'acqua e il cibo che hanno portato con l'ultimo viaggio siano insufficienti fino a domenica prossima, quando Antonio, con la scusa della partita di calcetto, potrà di nuovo chiedere in prestito al fratello la 600, che in questi giorni viene usata per il trasporto di tutto il necessario per la festa, e che sabato dovrà anche servire per condurre qui alcune ragazze.

Sabato pomeriggio.

Ci siamo. Verso le cinque comincia la sfilata degli ospiti.

Sono tanti, almeno un'ottantina.

Amici dei due fratelli maggiori di Milena, come si è già detto, e amici degli amici.

E poi molte ragazze mai viste prima, che escono da vecchie utilitarie stipate e malconce.

Attraverso le finestre del salotto al piano di sopra, da dove Milena e le sue compagne spiano l'arrivo degli invitati, si può osservarle mentre emergono dalle auto, una dopo l'altra.

Da questa postazione non si riesce a vederle bene in faccia, ma le scarpe décolleté col mezzo tacco, le gambe nude o fasciate di calze trasparenti, le gonne strette al ginocchio (qui in provincia la minigonna non è arrivata, e i pantaloni per una donna sono ancora un'eccentricità), i foulard di seta colorata che già dopo qualche passo scivolano intorno al collo, lasciando scoperti chignon e code di cavallo, sono elementi sufficienti ad alimentare critiche, commenti e supposizioni, a suscitare esclamazioni vivaci e chiacchiere a non finire.

Milena e le sorelle, così come i fratelli più giovani, sono rigorosamente esclusi dalla festa.

Solo per Antonio è stata fatta un'eccezione, in considerazione del suo ruolo di accompagnatore e autista, che ha svolto con precisione ed efficienza.

Eccolo infatti arrivare – la frenata troppo brusca tradisce il suo impaccio – alla guida della 600 del fratello, stracarica di ragazze dall'aria allegra e invidiabilmente disinvolta.

Lo lasciano a richiudere la portiera e a guardarle avviarsi al cancello, aperto e decorato di festoni.

Lui se ne resta un po' lì come inebetito, senza saper che fare.

Per fortuna, non gli viene in mente di gettare un'occhiata

verso la finestra del salotto, dalla quale Rosanna si è subito comunque ritirata con un'espressione di spavento.

Poi il gruppetto cinguettante delle amiche si trasferisce dall'altra parte della casa, nel salottino verde, punto di osservazione ideale per vedere il procedere della festa, che si svolge soprattutto in giardino, dove sulla lunga tavola di cemento è stato allestito il buffet.

Le lampadine colorate appese agli alberi in lunghe collane sono già accese, benché il sole non sia ancora tramontato.

Dagli altoparlanti sistemati sui gradini dell'ingresso posteriore, la musica stenta a diffondersi nello spazio troppo vasto, cosicché nessuno, per ora, sembra invogliato a ballare.

Finalmente, qualcuno rompe gli indugi e le coppie cominciano a formarsi.

È il momento di maggiore interesse per le ragazzine, tutte tese a cercare di indovinare, da un intensificarsi della stretta, da un guardarsi negli occhi piuttosto che intorno, il segno di un'attrazione nascente.

Purtroppo, il buio scende rapidamente dopo gli ultimi barbagli del tramonto.

La luce delle lampadine colorate è troppo debole per permettere di interpretare i gesti e gli sguardi dei ballerini che, peraltro, sembrano prediligere gli angoli più oscuri del giardino.

È possibile distinguere ancora con chiarezza soltanto il buffet, più vivacemente illuminato. Ma non vi è molto da vedere, a parte il poco interessante spettacolo di quelli che preferiscono mangiare e chiacchierare, piuttosto che ballare. Anche Antonio è lì, ancorato al tavolo, ma non mangia e non parla con nessuno, sembra piuttosto ostaggio di se stesso, è visibilmente intimidito e non fa che guardare sempre nella stessa direzione, come fosse ipnotizzato, con la sua lattina di aranciata in mano.

Alle dieci comincia inopinatamente a piovere, e la festa deve proseguire all'interno, nella sala da pranzo al pianoterra.

Rosanna se n'è già andata, anzi è sparita, senza nemmeno salutare. Poi anche Lidia è tornata a casa sua. Solo Antonella è rimasta qui da Milena dove, in via eccezionale, passerà la notte, in camera con lei.

La sorellina dorme da un pezzo nel lettone della mamma che a quest'ora legge o sonnecchia, probabilmente, più tranquilla del solito, grazie al frastuono della festa, perché a lei piace addormentarsi quando intorno c'è rumore, dice che le tiene compagnia.

Le due ragazzine faticano a prendere sonno, non tanto a causa della musica e del baccano, quanto perché quell'atmosfera eccitante le ha messe tutte in subbuglio.

Non la smettono più di chiacchierare e ridere e raccontare all'infinito gli episodi più rilevanti, come quando il fratello maggiore di Milena, ubriaco fradicio, è uscito nudo dalla sua camera, e si è dato a galoppare e nitrire attraverso le stanze, come un cavallo impazzito.

Ecco il temporale, la pioggia batte talmente forte sul tetto e contro i vetri che non si riesce a sentirsi.

Improvvisamente, un lampo accecante, subito dopo un tuono vicinissimo e spaventoso, e la corrente salta, lasciando tutti nella tenebra più assoluta.

Le due ragazzine cacciano un urlo, ed escono correndo e inciampando dalla stanza.

Dal piano di sotto voci e passi concitati, risa, frenetica ricerca di candele.

Nel corridoio è buio pesto, Milena e Antonella si buttano a precipizio giù per le scale, senza vedere niente, col rischio di rompersi il collo.

E quando la luce torna, sul pianerottolo, se li trovano davanti: Antonio e una biondina diafana, all'apparenza poco più grande di lui, stretti stretti, che si stanno baciando.

Sono giorni che Rosanna non si fa sentire.

Milena è andata due volte a cercarla a casa.

La prima volta non ha risposto nessuno, benché dietro i vetri della finestra al quarto piano la tenda sia stata scostata e lasciata subito ricadere.

La volta dopo al citofono ha risposto la madre.

Il suo *Chi è?* era così brusco e sgarbato da sembrare un'intimazione, o un insulto.

E comunque Rosanna non c'era.

Antonella dice che è stata messa in punizione.

Lei l'ha incontrata sotto casa, ed era così ricoperta di lividi che la sua pelle sembrava abbronzata.

Antonella dice anche di averle fatto un dettagliato resoconto della famosa nottata, e che però, benché gli avvenimenti che aveva da riferire fossero incontestabilmente appassionanti, e costellati di inauditi colpi di scena, Rosanna non ha mostrato alcun interesse, né tantomeno stupore; nessuna reazione o sentimento, insomma. Per non darle soddisfazione, si può esserne sicuri.

Anzi, durante tutto il racconto, non ha fatto altro che guardare ostentatamente al di sopra della spalla di Antonella, con un'espressione di noia e di fastidio davvero irritanti, *Dio, com'è antipatica certe volte!*

Il che, se non altro, ha dato a lei, Antonella, tutto l'agio di osservare bene i lividi che aveva sul viso, sulle braccia e sul collo, *una cosa impressionante, quell'uomo è un vero bruto.*

Alla fine, Rosanna ha detto soltanto, in tono perfettamente indifferente:

"A casa mia il tuono non si è sentito, a quell'ora dormivamo già tutti."

E poi:

"Ci vediamo presto, eh."

E se n'è andata.

Ma che importa a Milena che Rosanna non abbia voluto ascoltare Antonella.

Di sicuro dovrà stare a sentire lei, perché ha qualcosa di ben più importante da raccontarle, con la massima urgenza, a proposito di un argomento che a Rosanna sta molto a cuore.

E, visto che non si riesce a stanarla, bisognerà appostarsi non lontano dal suo portone, dovrà pur mettere il naso fuori di casa prima o poi.

E infatti, dopo lunghe attese inutili per due pomeriggi consecutivi, il terzo giorno la vede uscire.

Sola, per fortuna, e incredibilmente quasi del tutto a posto quanto a lividi e contusioni – ma è possibile che Antonella abbia esagerato nella sua descrizione.

Parla concitatamente Milena, per paura che Rosanna le sfugga, impedendole di dire tutto fino in fondo.

Lei c'è stata, naturalmente.

Quando ha capito che Rosanna non si sarebbe fatta trovare

né sentire, ha deciso di andare da sola, cioè con Antonio, che si è fatto pregare un bel po' prima di consentire ad accompagnarla.

Durante tutto il tragitto, era terribilmente agitata dall'ansia e dalla paura: e se li avesse trovati tutti morti, o moribondi? Col caldo che era scoppiato dopo quel tremendo temporale, la gatta doveva aver bevuto molto di più, e le scorte di acqua potevano essere esaurite da giorni, oppure evaporate.

E anche il cibo, con quelle temperature, era andato sicuramente a male, ammesso che ce ne fosse a sufficienza per tutto quel tempo.

Invece, arrivando lì, avevano trovato la porta del casotto spalancata, e della gatta e dei gattini nessuna traccia.

Ecco, l'ha detto.

E ora aspetta da Rosanna un consiglio, un'idea, forse un aiuto concreto per le ricerche, che devono per forza cominciare ora, il più presto possibile.

Rosanna invece si prende un lungo tempo, come un attore consumato, prima di dire con calma:

"Mio padre li ha fatti ammazzare. Tanto sarebbero morti lo stesso. E la gatta, che ne so, sarà scappata. Oppure, più probabilmente, sarà morta anche lei."

Ricomincia a far fresco, è già quasi l'autunno. Una di quelle belle giornate ancora abbastanza lunghe da poter rimanere fuori fino all'ora di cena.

Si è scoperto recentemente che il babbo di Milena aveva una relazione, anzi, una *liaison*, l'hanno proprio detto così, in francese, per non farsi capire dai bambini.

Ma tanto Milena l'aveva capito per conto suo, se lo sentiva da subito, al punto che quando, una sera dopo cena, si era parlato del viaggio del babbo con quella coppia di russi, marito e moglie, era scoppiata a piangere, fra la costernazione generale.

Un'artista quella donna, non proprio bella, ma piena di fascino, un'intellettuale vera.

Mica come sua madre, che rilegge sempre gli stessi libri, non perché siano belli (anche se qualche volta lo sono), ma *perché sono buoni, e le fanno bene all'anima.*

Dice così lei, e quando beve un bicchiere di troppo dice anche:

"L'intelligenza! Che sarà mai quest'intelligenza, della quale andate tutti tanto fieri!"

Perché lei si sente diversa, si sente straniera, con tutti questi figli che non le assomigliano, che sono tali e quali al padre.

Ma insomma, ora il peggio è passato, la *liaison* è stata troncata, forse perfino con sollievo del padre, valli a capire gli uomini, ma che ci vuoi fare, bisogna prenderli come sono.

E oggi è proprio una bella giornata serena, che sgrana lentamente le sue lunghe ore di tranquillità e di pace ritrovata.

Alle otto, Milena sta cenando in cucina, sola con la sorella più piccola – in famiglia la cena non è mai stata un rito, si mangia ognuno all'ora che gli fa comodo, alla spicciolata, come capita.

All'inizio Milena non ci fa nemmeno caso: un rumore piccolo piccolo, come uno strofinio lieve, contro la porta d'ingresso.

Ma talmente insistente, che alla fine bisogna sentirlo per forza, e infatti lo sente anche la domestica che è di là nel guardaroba a sistemare la biancheria.

Eccola ciabattare nell'ingresso e poi aprire la porta.

"Oh, Madonna mia!" la si sente esclamare, in un urlo strozzato.

Subito dopo, una cosa grigiastra fila via lungo il corridoio.

Milena e la sorellina corrono a guardare dalla soglia della cucina.

La domestica è ancora sulla porta di casa, la mano aggrappata alla maniglia.

"Non ci posso credere," dice con allegra stupefazione, "la gatta è tornata!"

Investimenti
Interludio

Ampie vetrate.

Pavimento di marmo lucido.

L'uomo che entra in questo momento con scricchiolio di scarpe nuove non è né alto né basso, né bello né brutto, né magro né grasso, né vecchio né giovane.

Quindi nessuno si volta a guardarlo mentre attraversa con passo timido l'atrio vasto e imponente.

Si avvicina all'impiegato, altro individuo singolarmente anonimo.

Anzi, non è escluso che l'uomo dalle scarpe nuove scelga di rivolgersi a lui piuttosto che agli altri impiegati – almeno sei, con competente cipiglio, in attesa di clienti – per un senso di familiarità, o forse perché la sua personalità, per così dire *liquida*, sembra poterlo accogliere senza urti.

Fatto sta che l'uomo dalle scarpe nuove elargisce all'impiegato un modesto sorriso, che va sprecato, perché l'impiegato è chino su un difficile Sudoku e alza la testa solo quando lui proietta un'ombra fastidiosa sul suo giornale e sussurra:

"Vorrei depositare il brillio del mare."

Un professionista sa riconoscere la terminologia generica o imprecisa di una persona inesperta, perciò l'impiegato chiede:

"Depositarlo soltanto, o *investirlo*?"

"Quanto potrebbe rendere se lo investissi?"

"Dipende dal piano di investimento che sceglierà."

"Lei che cosa mi consiglia?"

"Qual è il suo profilo?" domanda insidiosamente l'impiegato.

"Il mio profilo?" ripete l'uomo, leggermente inquieto.

"Sì. Lei è disposto a rischiare?" si informa l'impiegato in tono penetrante.

L'uomo dalle scarpe nuove esita.

Spiega umilmente all'impiegato che le sue risorse sono piuttosto limitate.

A parte il brillio del mare, del quale è entrato in possesso questa mattina all'alba, grazie a un fortunato concorso di circostanze, dispone a malapena di qualche ricordo d'infanzia, ma si tratta di spezzoni incoerenti, senza particolare pregio: il suono di un carillon, l'andatura caracollante di una vecchia domestica che raccontava fiabe, un pomeriggio all'uscita di scuola con pioggia e vento che rovesciava gli ombrelli.

L'impiegato si mostra comprensivo (il viso mal rasato, visto da vicino, denuncia inclinazioni benevole), si sporge un po' in avanti, assumendo un atteggiamento confidenziale, e chiede:

"Ritiene di poter impegnare il suo capitale per un tempo abbastanza lungo? Non so, cinque anni?"

"Cinque anni..."

L'impiegato aspetta con ammirevole pazienza il tempo necessario all'uomo per percorrere mentalmente quei cinque anni senza il brillio del mare.

"Bisogna dare modo al capitale di produrre i suoi frutti," argomenta pacatamente.

Negli occhi del suo interlocutore trascorre un lampo d'angoscia.

"E che cosa accadrebbe se dovessi averne bisogno prima dello scadere del contratto?" chiede infine l'uomo dalle scarpe nuove.

"Pagherebbe una penale, ovviamente," risponde l'impiegato, con un certo sussiego.

"Quanto consistente?"

"Secondo con quale anticipo svincolerà il capitale. Potrebbe doverci risarcire del mancato guadagno con importi più o meno cospicui: luminosità, barbagli d'argento e d'oro, vivezza dell'impressione, sensazione di freschezza, emozioni, reminiscenze..."

L'uomo dalle scarpe nuove riflette intensamente per alcuni secondi, poi dichiara con decisione:

"Rinuncio a investire."

"Lei sa che il suo capitale si svaluterà fatalmente se lo tiene lì a giacere, gli interessi per un semplice deposito sono addirittura irrisori..." insiste l'impiegato, con voce ormai stanca.

"Ho deciso di non depositare," lo interrompe l'uomo dalle scarpe nuove. "Ho bisogno di sapere che il brillio del mare è qui, su di me," dice con accento un po' enfatico, battendosi una mano sul petto.

"Come vuole," risponde l'impiegato in tono conclusivo.

Poi, disinteressandosi di lui, riporta lo sguardo sul giornale.

L'uomo dalle scarpe nuove attraversa l'atrio in senso contrario, ed esce.

Sulla piazza intersecata dalle auto guarda, senza osare sedervisi, una panchina di pietra ignorata dai passanti.

…

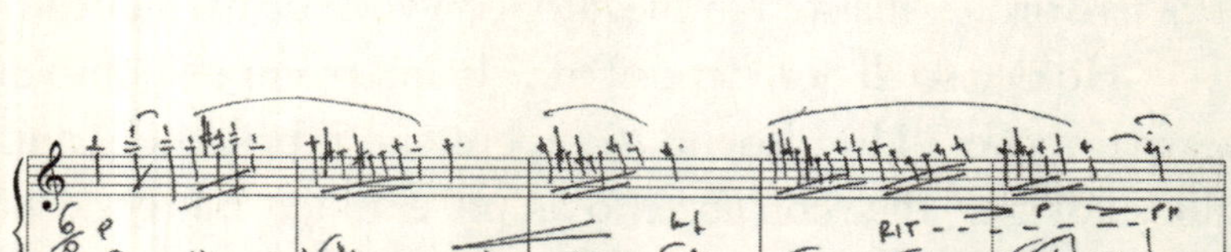

Pandora

Racconto

Alla fine, bisognerà ringraziare quest'altro svogliato pomeriggio di cicale e rumori smorzati della campagna intorno, subito risucchiati dalla penombra delle stanze, e l'andare su e giù per le scale e i corridoi, a non far niente se non stare in ascolto, fino a sentire quel sussurrare aspro e concitato, quasi del tutto sommerso dalla fatua monotonia della radiolina transistor, nel cortile rovente.

Poi la sedia bruscamente smossa, i passi rabbiosi, il silenzio – oltre l'implacabile esultanza radiofonica –, i singhiozzi, poi di nuovo il silenzio.

Marta corre a sbirciare fra le persiane accostate, alla finestra dello stanzino: vista dall'alto, la mamma è, si può dire, nient'altro che il suo largo cappello azzurro, schiacciato contro un lembo di abito fiorito, gomiti e avambracci frementi e irrigiditi, e i piedi nei sandali chiari – il sinistro che disegna cerchi nella ghiaia.

Il babbo, al presente, soltanto polvere di sassi che ricade lentamente, e poi, distante, il rimbombo ovattato di una porta sbattuta con rancore.

Ma della scena fanno parte a pieno titolo anche un ramo del ciliegio agitato da un refolo muto, due tazzine con un resto di caffè, e un uccelletto saltellante dal tavolino al bracciolo della poltrona di ferro.

Quando si allontana dalla finestra, Marta ha ancora gli occhi abbacinati dallo sfolgorio del cortile, quindi è un miracolo che riesca a vedere quel piccolo cumulo fiammeggiante di terra rossa, sul pavimento, davanti al grande armadio di uno scuro color mogano, le ante leggermente dischiuse sul vasto buio dell'interno.

Il legno lucido e striato riflette ora vagamente la sua sagoma che si avvicina, sfumandone i contorni, in una nebulosità oracolare.

Prevedibili il cigolio dei vecchi cardini e il profumo remoto di lavanda, cosicché l'attenzione è subito attratta dal Vaso enorme, fastosamente decorato, che giace riverso, con ormai impercettibile rollio, travolto, verosimilmente, dalla valanga di biancheria che lo ricopre.

Giovedì sera si è fatto festa.

Fino a notte fonda, si sono sentite voci sovrapposte di amici e parenti, canti e scoppi di risa nell'enorme cucina con le finestre spalancate; perfino la nonna è andata a letto tardi.

C'è da dire che qui, nella casa amatissima dei nonni materni (il nonno però è stato seppellito un anno fa nel cimitero del paese), le lenzuola fresche e ruvide, le voci festose attutite dai muri spessi, l'acciottolio dei piatti e l'odore del cibo, la luce gialla del corridoio che filtra sotto la porta della camera, e poi finalmente il sonno, che la lambisce come un'onda tiepida, sono per Marta indizi certi di una solida felicità. Inesauribile, perché dotata del potere di rigenerarsi, a partire da ogni minuscolo frammento, purché concreto, come le briciole della merenda o il fango delle pozzanghere dentro il recinto del pollaio.

E invece si sveglia, il venerdì, con la sensazione di una falla, ancora invisibile, che pieghi inesorabilmente verso il basso un lato della casa.

Tanto per cominciare, i suoni non hanno il solito amichevole riverbero, ma anzi sprofondano in un silenzio indifferente.

Per tutto il giorno (e poi i giorni seguenti, fino alla Scoperta), la casa e la campagna sono avvolti in questo silenzio innaturale, attraversato da pochi rumori disarticolati e inerti, come slegati, al punto che Marta deve ogni volta ristabilirne mentalmente il nesso con gli eventi che li hanno generati.

Questa vibrazione, per esempio, è probabilmente prodotta dal vetro smerigliato della porta del bagno, aperta con forza per vincere l'attrito del legno ingrossato che struscia contro il pavimento.

E questo rombo dovrebbe essere il motore di un trattore su un campo distante alcune centinaia di metri.

Ecco, forse, i passi risoluti del babbo.

Sbatte una finestra.

Un gallo. Un altro gallo.

Quando Marta scende ciabattando con le scarpe da ginnastica nelle quali ha infilato frettolosamente solo le punte dei piedi nudi, in cucina trova i resti del festino, e un disordine sbigottito e immobile, non di spensierata leggerezza, ma di cupo abbandono.

E, più di tutto, sua cugina Agata, la sua cugina ormai donna di vent'anni che lei ammira – anzi, per poco non si smarrisce a contemplare i riflessi dorati dei suoi capelli, tanto cresciuti dall'anno scorso –, Agata, sempre con occhi sorridenti di allegro trionfo, oggi pare come stropicciata, e perfino vergognosa.

Si lascia cadere su una sedia, le dà appena un'occhiata – supplichevole o imperiosa, impossibile capirlo, tanto è rapida – e guarda subito qualcos'altro, forse niente, sopra la testa di Marta, senza espressione questa volta, se non un'aria stanca di sfida come dire *guardami pure se vuoi, che me ne importa.*

A mezzogiorno, la nonna le serve con gli occhi bassi una triste minestra di verdure tagliate grossolanamente e in fretta.

Sul tavolo di legno, investito da una luce brutale, si vedono ferite sinistre.

Dopo pranzo, nubi bianche cambiano lentamente forma. Marta scalcia terra giallastra, poi, seduta sui gradini di pietra, si guarda attentamente le scarpe impolverate.

Gatti sonnacchiosi sul tettino dell'auto del babbo – ma scappano velocissimi, quando lui apre e richiude la portiera, accende il motore e se ne va, senza neanche salutarla.

Allora Marta passa per il corridoio avanti e indietro, rallentando davanti alla stanza della mamma *(distesa sul letto, a quest'ora?)*, nella speranza che lei la chiami, *Prendimi un bicchier d'acqua per favore tesoro, ho un po' di mal di testa.* E non solamente, intravista dalla porta socchiusa, quella schiena ostinata e scontrosa, che pare volerla respingere.

Verso le cinque, comincia a sentire un forte dolore all'addome, che in pochi minuti si trasforma in un malessere violento.

Vomita, sola, sul retro della casa.

È ancora scossa dai conati, quando Agata le passa accanto quasi correndo, poi torna indietro, la fissa, di nuovo con un'espressione indecifrabile, che potrebbe essere pietà, ma anche indignazione; e comunque lei sta vomitando, e dopo è troppo tardi, perché Agata è andata via, chissà dove, forse aveva addirittura una valigia.

La sera, per fortuna, la televisione in salotto ristabilisce almeno in parte le connessioni che sembravano saltate, come un efficace collante.

La nonna è seduta dietro di lei, ma quando Marta si gira a guardarla il suo sguardo è opaco, e il suo sorriso distratto.

Trascorre una notte di oscurità compatta, senza luna e senza grilli, l'aria è spessa e soffocante. Marta si rintana in un sonno grave.

Sennonché le urla (le aveva previste, in sogno), la svegliano verso le quattro del mattino, si sente soprattutto la voce della mamma, con acuti fragili che fanno pena.

La voce del babbo è un basso continuo, quasi senza oscillazioni.

Poi un tramestio, e ancora la voce della mamma, spezzata dai singhiozzi:

"Con una ragazzina! Con tua nipote! Che schifo!" Immediatamente dopo, il rumore forte di un grosso oggetto scagliato con furore.

Marta si slancia fuori dalla porta, ma subito la nonna si precipita su di lei correndo e la ricaccia indietro.

"Tranquilla, tranquilla," le dice.

Però Marta lo vede che è spaventata, e comincia a piangere.

Il giorno dopo è slavato ed esausto, si mangia tutti insieme, la mamma, il babbo, la nonna e Marta, con grande economia di gesti e frasi brevi.

Le mosche hanno invaso la cucina, come se sapessero di non avere niente da temere.

A fine pasto, il fattore che si affaccia sulla soglia con viso franco e battute semplici e sonore è, per qualche istante, il predestinato uccisore di draghi, grazie al quale cesserà il maleficio.

E invece seguono giorni abbastanza uguali, è come riprendere progressivamente possesso di uno spazio dopo un terremoto.

Cautamente, all'inizio, poi con una certa ottusa determinazione. Oggi i letti, domani due sedie, una poltrona, il tavolo.

Non esattamente dove dovrebbero essere, non dov'erano prima, ma insomma si può vivere anche così.

Però Marta ha sette anni, un passato breve e un lungo futuro, sul quale il presente ha di colpo cessato di proiettare la sua luce chiara e seducente.

La scorsa estate.

Un pomeriggio il nonno, già molto malato, sta riposando nello studio – lo chiamano così benché non ci siano libri e neanche una scrivania, solo una poltrona di velluto a coste fitte e sottili, un poggiapiedi dello stesso tessuto, e verdi tende pesanti alle finestre.

In cucina la nonna prende caffè e pasticcini con alcune amiche. C'è anche la mamma.

Si parla a voce bassa, le altre intorno protese ad ascoltare, con occhi ingordi.

Marta si finge immersa in un disegno dal vero: oltre la finestra un eucalipto grigiastro – le foglie sbattono insieme con un suono di nacchere – e, all'ombra dell'eucalipto, un cane giallo e spelacchiato.

Ma le parole le arrivano all'orecchio. Non del tutto chiare, certo, a volte solo brandelli di frasi:

"… non io personalmente… le elementari con mia zia… febbre altissima, delirio, il marito disperato… si faccia forza, gli dicono… poi un giorno la Beppa, che andava lì a dare una mano…"

"La Beppa? "

"Sì, grossa, alta… tre figlie femmine… per i compleanni delle figlie faceva certe torte, anche sei o sette piani…"

"Ah, sì! mi ricordo…"

"… rifacendo il letto, la Beppa, fra la rete e il materasso, trova una specie di rotolino con dentro piume, capelli… la madre aveva lavorato in Brasile mi pare, o in Argentina, e le aveva raccontato… Capisce subito, fattura a morte…"

"Oddio!"

"… di corsa va da un contadino analfabeta, un mago, dicevano, bravo, soprattutto contro il malocchio… dopo una settimana era guarita, ma guarita completamente, i dottori non ci potevano credere…"

Invece, sotto il materasso del nonno non si trova nulla di sospetto, e il nonno muore, dando ragione quasi al cento per cento ai pronostici del giovane dottore, alto, magro, con baffi futili che sembrano finti.

Per settimane però Marta va ispezionando ogni stanza della casa, sempre a testa bassa, come un segugio.

Guarda sotto i mobili, fra i cuscini del divano, fruga nei ripostigli, cerca nei cassetti.

Poi arriva il compleanno della mamma, con amici e regali, e, in un pomeriggio rosso fuoco, la vita, con uno scossone, si scrolla di dosso la morte, che arretra docilmente entro i propri confini: due fotografie incorniciate, un paio di pantofole che per un po' la fanno sussultare, e le domeniche scolorite, tutta la famiglia compostamente impaziente a gettare fiori secchi e sistemare fiori freschi sul marmo della tomba.

Finisce l'estate. Ecco la scuola con l'odore dei libri nuovi e le gerarchie crudeli, ma a Marta piacciono infinitamente le storie, è avida di racconti, e qui, quando si riesce a districarle dalla fastidiosa pania dei numeri, dei luoghi e degli autori, ce n'è un'infinità, gremite di personaggi favolosi e destini mirabolanti.

E dunque oggi non ha dubbi, perché riconosce il Vaso.

Ricapitolando: risveglio spento e dissonante, la casa come una nave che affonda, sciatteria incomprensibile della cucina abbandonata, Agata misteriosa, la mamma sdegnata sul letto, Agata con una valigia, grida nella notte, la nonna stordita e muta, il pranzo preparato in fretta, parole concitate nel cortile canicolare.

Sono tutti segnali, che bisogna saper leggere.

Ci vuole attenzione, ci vuole tenacia.

Finalmente sa.

Il Vaso.

Bisogna quindi, semplicemente, tirarlo su con precauzione (*cosa accadrebbe se dovesse rompersi?*), raccogliere la terra pazientemente, meticolosamente, perché non ne resti sul pavimento o sulla mensola dell'armadio neanche un minuscolo granello, neanche un atomo, e rimetterla al suo posto, dentro il Vaso.

E poi, naturalmente, riporre il Vaso in un luogo più sicuro, dove non sia minacciato da pile di lenzuola o esposto a gesti incauti.

Tutto qui.

Oltre la porta dello stanzino la felicità scalpita, e prepara lunghi giorni d'ozio e di tranquilla attesa.

Vanità

Interludio per voce femminile

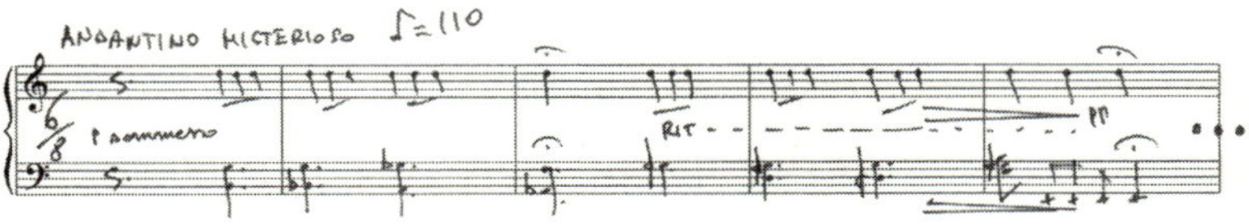

Nel mio ricordo, la scena ha la perfetta immobilità di una fotografia.

Io, seduta sul divano, guardo da sotto in su l'imponente signora che, in piedi di fronte a me, mi fissa a sua volta, mentre poco più in là, in posizione equidistante, il nostro comune amico ci osserva entrambe.

Io sono una ragazzina ignorante, anche se non priva di sensibilità, faccio indegnamente parte del corpo di ballo di una compagnia di Danza Contemporanea.

La signora è una famosa e talentuosissima Cantante lirica, e l'amico è un giovane promettente Direttore d'orchestra.

Ci troviamo a Milano, in un bell'appartamento, residenza della Cantante.

Il salotto (siamo nella zona conviviale della casa) è arredato in modo sobrio, con una sfumatura di noncurante originalità che rende il luogo cordialmente accogliente, e suscita un sentimento di gratitudine nel quale si stempera l'atteggiamento di rispettosa compostezza cui il visitatore può essere stato inizialmente indotto.

La Cantante indossa un lungo caftano in tessuto fantasia, di tonalità calde e chiare.

I nostri sguardi raccontano: che io non ho idea di chi sia la signora in piedi di fronte a me, so vagamente che di mestiere fa la cantante, e nient'altro. La mia espressione veicola dunque, tutt'al più, un educato sorridente ringraziamento per l'ospitalità che mi è stata offerta nella sua casa, dove passerò la notte; che la Cantante incassa il mio sorriso come un affronto, tanto più insultante in quanto inconsapevole e involontario; che il Direttore d'orchestra non intende intervenire per smorzare la tensione che si va creando, troppo curioso di vedere dove andrà a parare.

La mia memoria non riporta scambi di battute, ma posso ipotizzare un dialogo dal tono casuale e anodino, cui nessuno degli interlocutori presta attenzione.

Siamo infatti tutti e tre spasmodicamente tesi a captare il senso della scena, che le parole tentano di mascherare.

Sotto la statica apparenza della situazione che ho definito immobile, si agitano, in realtà, molte sensazioni e non pochi pensieri, che innescano impercettibili mutamenti.

Io comincio a capire che c'è qualcosa di molto significativo che dovrei sapere a proposito della Cantante, e che la mia colpevole ignoranza non potrà essere riscattata, neanche con il più umile atto di sottomissione.

La Cantante si addentra in un labirinto di sarcastiche supposizioni e di rabbiosi verdetti che mi riguardano, il cui scopo è di minimizzare gli effetti del brutale impatto provocato dall'imprevista collisione fra la tangibilità del suo riconosciuto valore e la mia vacua e intollerabile (più intollerabile perché cortese) indifferenza.

Immagina, per esempio, che io conosca perfettamente la sua fama e ammiri il suo talento, ma che non voglia darglielo a vedere, per puerile malignità o per tracotanza. Oppure, che la costernante assenza di cultura della mia abulica giovinezza sia autentica, e si spieghi con la mia assoluta mancanza di curiosità, che mi schiude un destino del tutto irrilevante.

Il Direttore d'orchestra sospende il giudizio, cauto come un predatore.

La singolare circostanza produce sulla scena un interessante effetto prismatico, rivelando gli elementi che ne compongono la struttura.

Imparo così che il valore approda alla coscienza dei propri meriti, la quale ne reclama il riconoscimento.

Che, in assenza di tale riconoscimento, la coscienza dei propri meriti vacilla, e il valore scruta con spavento il buio dello specchio che non riflette la sua immagine.

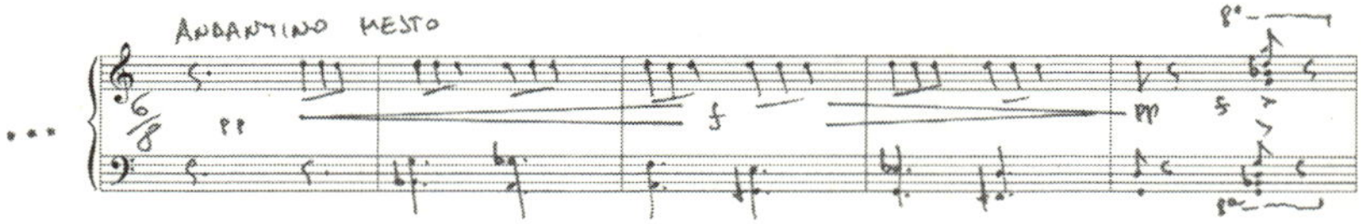

Sorelle
Racconto

… Ora, dico io, anche volendo ammettere che il tassista, un uomo sulla settantina, romano, evidentemente informato ed esperto (non ci fu bisogno di comunicargli nessun indirizzo preciso, conosceva a menadito tutti i luoghi nei quali si fecero portare: un caffè in via Veneto, un giardinetto all'Eur, una fontana – non Fontana di Trevi, un'altra, meno nota, che il passeggero chiamò per nome – e infine il teatro), anche ammesso, dunque, che il tassista, durante quell'interminabile giro della memoria, non li avesse riconosciuti, non si spiegherebbe perché quando poi, arrivando alla destinazione finale, non riuscì a ottenere il pagamento della corsa, ed ebbe invece in risposta una risatina sommessa, e nome e cognome dei suoi clienti, e si voltò a guardarli con gli occhi fuori dalle orbite, e allora, per forza di cose, o li credette oppure li prese per pazzi, non si capisce perché a quel punto non chiamò la polizia o l'ambulanza, oppure non diede in escandescenze, o invece non fuggì, urlando terrorizzato.

Tutto il racconto, a prescindere dalla sua consustanziale inverosimiglianza, è disseminato di incongruenze.

Innanzitutto, su quali testimonianze dovrebbe fondarsi?

Per quanto riguarda ciò che sarebbe avvenuto nel retro del teatro, come vedremo in seguito, non abbiamo che la testimonianza di Delia.

Delia.

Non più di due anni fa, una sera, dicembre, un freddo pungente, dovetti farla scendere a forza dalla macchina per non picchiarla, giuro che stavo per perdere la testa.

Continuava a sostenere, con in viso quell'espressione esaltata che mi manda in bestia – e che nostra madre trovava così toccante –, voleva che io credessi che una notte il suo angelo custode si era materializzato improvvisamente, assumendo le sembianze di una vecchietta curva e imbacuccata che, sbucata fuori dal nulla, brandendo una chiave, le aveva aperto un grosso cancello di ferro cigolante che dava accesso a un labirintico cortile, consentendole di sfuggire, un attimo prima che fosse troppo tardi, all'aggressione di un branco di stupratori.

Delia.

Forse tu stesso non hai dimenticato che da bambina passava le ore inginocchiata in giardino, nella convinzione che, prima o poi, le sarebbe apparsa la Madonna!

Dunque, quella medesima Delia giura e spergiura che vide e sentì tutto quanto avvenne nel retro del teatro, dissimulata dietro un tendaggio rosso – tendaggio non documentato, ti faccio notare, dalle foto dell'epoca.

A suo dire, nostro padre arrivò soltanto in un secondo tempo.

Quando loro entrarono, accompagnati da un terzo personaggio – l'impiegato della biglietteria –, Delia era sola, ed era salita in palcoscenico a curiosare dalle quinte.

Rileverai, fra le altre innumerevoli assurdità di questa ricostruzione, come la situazione che Delia mette in scena per farne la premessa al suo sconclusionato racconto lasci supporre che nostro padre compisse quella sera un atto assolutamente contrario ai principi cui furono sempre improntati i suoi comportamenti.

Secondo te è pensabile che un uomo come lui, così rigoroso e serio, così appassionato del proprio lavoro, proprio quella sera si allontanasse per imprecisati motivi, affidando il compito di sorvegliare l'entrata degli artisti a una ragazzina di quindici anni?

Ti rammento che in platea c'erano l'allora Presidente della Repubblica, due ministri, giornalisti delle maggiori testate europee e decine di personalità del mondo dello spettacolo e dello sport!

È veramente un peccato che nostro padre non sia più qui per difendere la propria reputazione.

Ma se anche vogliamo prendere per buona la testimonianza di Delia, e assumere che un solenne giuramento abbia sigillato fino alla fine le labbra di nostro padre, dobbiamo comunque considerare che la ricostruzione di questo prodigioso evento nelle sue varie fasi implica almeno un'altra indispensabile testimonianza: quella del tassista, il settantenne romano sul cui stravagante comportamento ci interrogavamo all'inizio.

Di lui, come è ovvio, si sono provvidenzialmente perse le tracce.

Per quanto riguarda la prima parte del racconto, non disponiamo quindi che di una testimonianza di seconda o terza mano – dipende dal numero dei passaggi che scegliamo di ipotizzare, in assenza di qualunque chiarimento in merito da parte di Delia.

Testimonianza consegnata dal tassista a Delia (come? quando? perché?), o dal tassista a nostro padre e da nostro padre a Delia?

O dal tassista all'impiegato della biglietteria, nel breve tragitto tra la biglietteria e l'esterno del teatro, in un resoconto concitato, che escluderebbe la possibilità di fornire tutti i dettagli dei quali Delia lo ha invece corredato?

E poi ancora dall'impiegato a Delia (come? quando? perché?) o a nostro padre e da lui a Delia?

Insomma *chi* avrebbe riferito *a chi* tutte le circostanze del viaggio attraverso Roma, fino all'arrivo davanti all'ingresso principale del teatro?

Chi avrebbe raccontato, per esempio, l'apparizione improvvisa dei due passeggeri davanti alla stazione Ostiense, senza bagagli, elettrizzati e festosi come ragazzini in gita?

E il fatto che lui, in particolare, fosse in uno stato di grande eccitazione, euforico, tanto che lei dovette più volte tentare di calmarlo, e solo con grande fatica riuscì a impedirgli di entrare in quel caffè, in via Veneto, per salutare un vecchio cameriere *e tirargli gli orecchi come si deve?*

"Ahah, te l'immagini? Dieci anni! Pensa alla sua faccia!"

"Ma no, non è il momento, non ora, magari dopo, facciamo tardi."

"Sì, certo, hai ragione, va bene va bene, peccato però, mi sarebbe piaciuto. Pazienza."

Chi ha raccontato (quando, a chi?) che lui continuava a far fermare il taxi di qua e di là, con ordini e contrordini, dicendo alla moglie *ti ricordi questo? ti ricordi quello?*

E lei a un certo punto si era addirittura messa a piangere, perché lui non le dava ascolto e la gente cominciava a insospettirsi vedendo quell'omone con cappello e sciarpa rossa fluttuante (serata ventosa quel 31 ottobre) scendere dall'auto ancora in movimento e sbracciarsi, mostrando con grandi gesti entusiastici ora un chiosco, ora un monumento, ora un locale.

E allora lui, sentendola singhiozzare con certi singhiozzi un po' scordati e rochi, si era precipitato a consolarla, chiamandola *gattina, tesoro, ti prego, non piangere così, guarda, faccio come dici tu.*

Infine, ecco il taxi che si ferma davanti all'entrata principale.

Non hanno soldi, niente, neanche una lira bucata. Ma possono fornire (risatine complici) le proprie generalità.

Il tassista si volta: stupore, paura, indignazione, rabbia, scherno, insomma, quello che è.

Intanto il pubblico è già entrato.

Il teatro è gremito, una telecamera si attarda su qualche celebrità in smoking per carpirne un ricordo personale, mentre l'altoparlante diffonde un messaggio del genere *lo spettacolo sta per avere inizio, i signori spettatori sono pregati di prendere posto.*

Lei riesce a stento a trattenerlo, a convincerlo che non è proprio il caso che lui si mostri nel foyer, dove verrebbe immediatamente riconosciuto e si guasterebbe tutto l'effetto.

Dunque è il tassista a scendere (di corsa oppure controvoglia, spaventato o seccato), per andare a parlare con l'impiegato della biglietteria.

L'impiegato squadra l'anziano tassista da capo a piedi, ascolta il suo racconto con un sorriso idiota che pare congelato, poi lo segue fuori dal teatro.

Qui si ferma di botto, come impietrito, mentre loro emergono dalle chiazze d'ombra entro le quali erano andati ad acquattarsi.

Grave lacuna nella narrazione: dove finisce il tassista?

Se ne va imprecando, dopo aver accertato che neanche l'impiegato ha intenzione di pagare la cifra inscritta nel tassametro?

Sviene per l'emozione? Presenta una denuncia ai carabinieri? Tenta un ricatto? Partecipa in qualche modo agli eventi che seguono?

Mistero.

Con un salto cronologico sconcertante, adesso siamo di nuovo nel retro del teatro.

In questo momento Delia si trova in palcoscenico, dietro le quinte, a spiare la cerimonia appena iniziata – il genitore è ancora inspiegabilmente assente –, quando le sembra di udire un bisbiglìo concitato (ti faccio notare che stanno proiettando un montaggio di immagini con vigoroso accompagnamento musicale di Nino Rota, e che, per vedere il palcoscenico, bisogna allontanarsi dal presunto tendaggio che lo separa dal piccolo atrio di almeno due o tre metri).

Delia sporge appena la testa e li vede confabulare con l'impiegato, che se ne va quasi subito, balbettando una frase dall'intenzione rassicurante, *aspettate solo un momento, vado a chiamare il tal responsabile della serata*, o qualcosa del genere.

Per fortuna, l'impiegato è troppo turbato per notare l'assenza di nostro padre dalla sua postazione, o la presenza di sua figlia, seminascosta dal tendaggio.

D'altra parte, un curioso corto circuito mentale impedisce a Delia di riconoscere immediatamente i due personaggi che ha appena visto, di sbieco, sul gigantesco schermo.

Poi, improvvisamente, un lampo, l'incredulità, l'emozione, un grido trattenuto, senza suono, e la decisione di restare nascosta dietro al solito tendaggio.

Anzi, riesce perfino a individuare un opportuno strappo nel tessuto, attraverso il quale può osservare, non vista, tutto quanto avviene, senza perdere un gesto o una parola.

E cosa vede? Dapprima, estrema agitazione, allegria infantile.

Lui si toglie il cappello, passa una mano sulla tesa imbiancata (serata nevosa quel 31 ottobre), raccogliendo fra le dita una manciata di nevischio.

Ed eccolo rincorrere la moglie torno torno, come un ragazzino, e giù strilletti e risate, *no no, dai, no!*

Fino a che riesce a infilare la mano stretta a pugno, grondante neve sciolta, dietro il colletto dell'abito turchino della moglie – *un collettino di picché bianco a pois rossi, lo rivedo come fosse adesso.*

Lei emette un gridolino acutissimo e breve, e di nuovo scoppiano a ridere tutti e due, puerilmente complici, un riso afono e sussultante che quasi li soffoca.

Segue qualche istante di quiete pensosa, tutti e due in piedi, contro la parete, lui con le mani dietro la schiena, aggrappate al cappello, a testa china, lei composta e preoccupata che lo guarda di sottecchi.

Poi lui comincia di nuovo ad agitarsi, freme d'impazienza, guarda l'orologio a muro la cui più lunga lancetta scura avanza caracollando di minuto in minuto (le nove e tre, debole salto vacillante, le nove e quattro), cammina avanti e indietro, lancia il cappello sulla scrivania, si affaccia sulla soglia, scruta il buio.

"Calmati, non prendere freddo."

"Non è possibile, dovrebbero accorrere, non ti pare? Perché ci fanno aspettare?"

Vorrebbe salire in palcoscenico.

"No, no, che fai? Adesso vedrai che arrivano!"

La supplica, con voce di falsetto:

"Resto in *coulisse*, mi nascondo bene bene."

"Ma no, rimani qui, dobbiamo aspettare, abbiamo promesso."

Lui immagina, si esalta.

"*Un coup de théâtre!* A condizione che i tempi siano perfetti; un istante prima, un istante dopo, e l'effetto è rovinato. *Ora*, ora che quell'anziano signore," lo tratteggia nell'aria, ne assume la postura ingobbita, lascia cadere la mascella, tossicchia con rantolo da asmatico, "quel vecchio semirimbecillito, in seconda fila nel terzo ordine di palchi, sta pensando *quante occasioni perdute, non gli ho mai rivolto la parola, avrei dovuto prendere l'iniziativa, era un uomo alla buona, anche se era un genio, adesso avrei qualcosa da esibire, potrei raccontare al mio vicino, a mio nipote per il quale rappresento un'assoluta nullità, gli direi ci conoscevamo sai, o addirittura, forzando un po' la mano, eravamo amici, mi diceva sempre... sarebbe stato così facile, frequentavamo lo stesso ristorante...* a proposito, Giulietta, cara, dovremmo fare un salto dal Bolognese più tardi, se ci resta tempo, fammici pensare... *Ora*, questo è il momento perfetto, prima che i discorsi spengano l'emozione!"

"Ma non è vero, perché, che dici? Abbiamo promesso, adesso arrivano, bisogna capirli, staranno pensando a come fare, dovranno preparare un annuncio, è un evento del tutto imprevisto..."

"Sssh. Fammi sentire..."

Applausi calorosi, interminabili.

Poi la voce del conduttore della serata, che giunge attutita nel vestibolo.

"Chi è?"

"Non so, un attore forse. Sembra giovane."

"Si sente appena, lasciami salire."

"No no, per favore..."

Con un balzo oltrepassa i due scalini (Delia è a pochi centimetri da lui, dall'altra parte del tendaggio, col fiato sospeso), lei tenta di fermarlo.

"Ma no, tranquilla tesoro, non sto andando in palcoscenico."

Armeggia con l'amplificatore d'ascolto, alza il volume, e finalmente la voce del presentatore arriva nitida, sicura:

"Celebriamo questa sera un grande artista, conosciuto e amato nel mondo intero. Dieci anni fa..."

Lui non perde una sillaba, ascolta facendo smorfie, mima commenti beffardi, ma si vede che è contento, gli brillano gli occhi.

A questo punto, voci, passi, grande trambusto, infine irruzione di quattro personaggi: l'impiegato della biglietteria, leggermente rinfrancato, il regista della cerimonia, l'amministratore del teatro e, ricomparso, finalmente, nostro padre.

Osserva, ti prego, per un attimo, quello che accade adesso.

I quattro uomini si fermano sulla soglia.

L'amministratore si porta le mani alla testa, come colto da un malore.

Il regista, in preda a un riso isterico, mormora qualcosa in inglese, genere, *I can't believe it…*

L'impiegato si tiene prudentemente in disparte, pronto a correre a chiedere aiuto, se questo si rendesse necessario.

E nostro padre è scosso da un tremito che non riesce a controllare, anzi, lo shock è tale che per le prossime due ore dimenticherà completamente di aver lasciato una figlia adolescente a guardia dell'ingresso e che ora è sparita chissà dove.

Bene.

Osserva la coppia avanzare verso di loro, lui a braccia tese come per un abbraccio che rimarrà sospeso, lei con un sorriso rassicurante che li guarda da sotto in su.

Intanto, in palcoscenico, la cerimonia va avanti, sfilano i conoscenti, gli amici veri o presunti, più o meno maramaldescamente commossi.

Ci sei? Ora dimmi, chi sono i testimoni?

Soltanto questo, poi lascerò che la narrazione scorra per suo conto e che, trascinata dalla corrente che ha generato, vada a infrangersi naturalmente contro gli scogli delle proprie contraddizioni.

Io mi limiterò a guardare, come dall'alto di un ponte.

Permettimi però di richiamare un'ultima volta la tua attenzione sul grossolano espediente che Delia ha escogitato per rendere impossibile qualunque verifica o controprova.

Chi sono, dicevo, i nostri testimoni per questa parte del racconto?

Un impiegato della biglietteria, del quale non si conosce il nome, e che lasciò l'impiego più o meno in quel periodo, trasferendosi a Pavia; il regista della cerimonia, un olandese, in auge all'epoca, che qualche anno fa, in seguito a una profonda crisi spirituale e attraverso tortuosi peripli mistici, approdò al buddismo tantrico e dissipò volontariamente ogni legame con la cultura occidentale, rendendosi definitivamente irreperibile; l'amministratore del teatro, affetto, pover'uomo, da demenza senile; e infine nostro padre, il quale, come si è detto, tenne incrollabilmente fede alla promessa e portò il segreto di quell'evento con sé nella tomba.

Bene.

I nostri quattro personaggi sono lì, di fronte all'Inaudito, e noi ci aspettiamo che, abbandonando finalmente le proprie posture convenzionali, sconvolti, palpitanti, e infinitamente riconoscenti, si slancino sulla scena, interrompendo la cerimonia, stravolgendone il programma, e annuncino con la voce rotta dall'emozione che si è prodotto un avvenimento prodigioso.

"*Signore e Signori, non vi domando di credermi, ma semplicemente di accogliere con il più caloroso degli applausi l'impensabile presenza...*"

Macché, niente di tutto questo.

Anzi, secondo quanto afferma Delia, a un primo istante di

canonico sbigottimento, avrebbe immediatamente fatto seguito uno scambio di opinioni più che tranquillo, e così assurdamente prosaico da stridere, per contrasto, in modo intollerabile – è il meno che si possa dire – con l'eccezionalità della situazione.

Nessun sentimento di urgenza, nessuna reazione impulsiva, nessuno sgomento, nessuna incalzante curiosità.

Ma invece, pensa un po', una sorta di pacato dibattito.

E a proposito di che? Del senso della vita e della morte? Della persistenza della fama e del rimpianto?

Ma niente affatto.

L'argomento è talmente incongruo e meschino, che provo quasi vergogna nel riferirne.

Si discute delle modalità secondo le quali i nostri due eroi, così prodigiosamente ricomparsi, dovranno palesarsi al pubblico presente in teatro e offrirsi alla risonanza mediatica.

Lui preferirebbe un'entrata senza solennità, *un po' sorniona*, suggerisce ridacchiando con un vocino sottile e suadente.

"Tutti gli sguardi sono rivolti al palcoscenico, è trascorsa" – rapida occhiata all'orologio a muro – "circa mezz'ora dall'inizio della cerimonia, e qualcuno comincia ad annoiarsi. In silenzio, o bisbigliando appena, Giulietta e io entriamo, in punta di piedi, con l'aria di scusarci per il ritardo, controllando qua è là i numeri delle poltrone" – lei fa *sì* con la testa, lo incoraggia, eccitatissima – "facciamo alzare quattro o cinque spettatori, solleviamo, per così dire, un'auretta di composto malumore, pestando qualche scarpa di vernice, qualche sandalo di strass, provocando la caduta di qualche oggetto, borse, cappelli. *Le dispiace...? Mi perdoni...* Disapprovazione, fastidio, proteste bofonchiate. Qualcuno ci lancia uno sguardo severo, un signore particolarmente fisionomista ci dà un'occhiata, ci ripensa, torna a guardarci, strizza gli occhi nella penombra... *Ma lui...? Ma lei...? ... Ma no, che idea assurda, con questi occhiali non vedo più niente, dovrò passare dall'oculista in settimana...* Finalmente ci sediamo, e dopo qualche minuto..."

"Dove, mi scusi?"

"Come sarebbe, dove? Ah, be', sì... non so, né troppo avanti, né troppo indietro, non ha grande importanza. In quarta o quinta fila, direi, fra i divi della televisione. Dopo qualche minuto, dicevo, ecco accendersi un occhio di bue. Il cerchio di luce azzurrina spazza la sala, come cercando qualcuno, e viene a fermarsi su di noi. Silenzio, il pubblico trattiene il fiato. *Possibile?...* Ci alziamo lentamente in piedi. Musica, *Lo sceicco bianco*, per esempio, e finalmente..."

"Mi perdoni Maestro, ma *dove* vi sedete? La sala è piena."

"L'idea è buona," interviene il regista, "faremo alzare qualcuno."

A un cenno dell'amministratore, l'impiegato vola a prendere lo schema della sala, con i nominativi degli invitati.

Il vasto foglio di carta viene disteso sul pavimento.

Le nove e trentaquattro, anzi trentacinque.

L'ipotesi di liberare due posti in una delle prime quattro file viene subito scartata, lì siedono le autorità: Presidente e consorte, ministri, sindaco.

"Assolutamente impossibile, sarebbe irrispettoso."

"Quinta fila, centrali? Il direttore della terza rete, potremmo spiegargli..."

"No, non è il caso, è già seduto una fila più indietro degli altri, se lo facciamo sloggiare succede il finimondo..."

Nove e trentanove, nove e quaranta.

"Non importa!" urla lui improvvisamente. "Entrata a effetto dal fondo della sala! Fa lo stesso. Tutti al loro posto. Musica in sordina, lento crescendo, l'occhio di bue si accende sulla tenda di velluto cremisi che viene aperta lentamente..."

"Ma questo non risolve il problema, Maestro, dovremo comunque trovarvi un posto dove sedere durante la proiezione."

"Quale proiezione?"

"È un filmato prodotto dalla Rai, che presentiamo in anteprima, il regista è in sala..."

Le nove e quarantotto, le dieci meno dieci.

"Forse," suggerisce lei, con la sua vocetta un po' stonata, "in quanto animatori dello show, potremmo entrare direttamente in palcoscenico, attraverso le quinte..."

"Dio mio!" grida lui (un pompiere si affaccia brevemente dal supposto tendaggio)." Cosa farei senza di lei?! Ma certo! Le luci della ribalta si affievoliscono a poco a poco, fino a spegnersi del tutto. Un attimo di buio, mentre in lenta assolvenza sonora, un rullo di tamburi – avete un percussionista qui in teatro?... Niente tamburi, fa lo stesso, musica di repertorio, Rota, Piovani, quello che avete, purché crei una certa suspense. Buio, dicevo, un brivido di emozione percorre la platea, propagandosi ai palchi e su fino al loggione. In terza fila, una signora ingioiellata si stringe tremante al marito, ed ecco che, in un suggestivo cerchio di luce lunare..."

"Scusate, mi perdoni se la interrompo." Il regista estrae dal taschino della giacca un minuscolo foglietto accuratamente ripiegato. "In questo caso dobbiamo modificare la scaletta, tagliare qualche intervento, altrimenti non ci stiamo con i tempi della diretta televisiva."

Il regista inforca gli occhiali e consulta pensosamente il foglio.

Le dieci, le dieci e sette minuti. L'amministratore si rivolge all'impiegato:

"Faccia la cortesia, porti qualcosa da bere al Maestro e alla signora. Tè, camomilla? Un calice di spumante?"

L'impiegato si precipita fuori, solerte.

Il regista è ancora intento a consultare il suo foglietto.

"Abbiamo sette interventi, per un totale di circa quarantacinque minuti, intervallati da una breve coreografia sulla musica di *Ginger e Fred*, un'ora tonda tonda. Per ultimo parla il ministro, che annuncia la creazione di una biblioteca multimediale a Rimini, intitolata a lei, Maestro… Ah, in sala ci sono i donatori stranieri della Fondazione, che si aspettano, naturalmente, un pubblico ringraziamento. L'intervento del ministro è irrinunciabile, ma per quanto riguarda gli altri, vediamo, forse…"

L'amministratore richiama discretamente l'attenzione del regista e gli sussurra qualcosa all'orecchio.

Il regista pare atterrare di colpo su una pista ghiacciata e scivolosa che la nebbia abbia reso invisibile fino a quel momento.

"*My God! That's right! I wouldn't know how to fix it*!"

I loro sguardi convergono su di lui, con identica costernazione.

L'amministratore scandisce lentamente:

"Purtroppo non possiamo, Maestro, non possiamo assolutamente. Tutte le persone che dovrebbero parlare," gli fa educatamente notare, "sono in sala per assistere allo spettacolo, e non vi è modo di avvisarle. Anche il direttore…"

"Ma come?" lui prende a testimone la moglie, incredulo. "È possibile che sia necessario spiegare una cosa tanto ovvia? Noi non avvertiremo nessuno! Qui sta il bello! Noi vogliamo, noi *dobbiamo* preservare l'emozione! Sarà uno straordinario colpo di scena! Sarà..."

"Mi perdoni Maestro – prego prego, non bevo mai in servizio – capisco perfettamente che lei in quanto artista... è più che giusto... dal suo punto di vista... nessuna considerazione di carattere pratico, nessun criterio di opportunità deve porre limiti al suo genio, ma noi," dice, "anzi, io..."

Insomma, per farla breve, gli esprime il suo profondo rammarico, ma, dice, deve rassegnarsi a portare la croce che un doveroso pragmatismo gli impone e perciò, eccetera eccetera, l'amministratore va avanti per un po' con la sua manfrina, mentre il regista trangugia nervosamente il prosecco, Giulietta sorseggia pensosa il suo tè e lui ascolta impaziente (ma quante cose si riesce a vedere attraverso uno strappo nel tessuto di una tenda?), fino a che arriva al dunque.

Insomma, *con tutta l'ammirazione, con tutta la deferenza*, vuole fargli presente che:

"... i sette interventi in programma questa sera... posso affermarlo con sicurezza, anche senza conoscerne gli specifici contenuti, tutti, senza eccezione, scaturiscono da una condizione imprescindibile che ne garantisce l'efficacia: la sua *definitiva* assenza, Maestro, che unisce oratore e pubblico in un comune sentimento di privazione... Non sarà difficile per lei capire, ne sono certo, che quei magnifici discorsi, preceduti da una sua clamorosa apparizione sul palco, frettolosamente aggiustati per servire da commento a un evento così prodigioso, così eccezionale, risulterebbero inadeguati, smorti, fastidiosamente enfatici, e il contraccolpo, per i poveri oratori…"

"E se entrassimo dopo?" azzarda lei timidamente, fra due sorsi di tè.

C'è un breve silenzio, poi, come un'entusiastica esplosione:

"Dopo! Certo, dopo!" grida lui. "Giulietta ha ragione!" e si rimette a camminare in su e in giù, accalorandosi, con ampi gesti delle braccia. "Sullo schermo è finito l'ultimo spezzone di film, sul palco l'ultimo discorso è stato pronunciato, applausi, musica… Ah, ma il balletto di chiusura sarà un preludio assolutamente perfetto. Io stesso non avrei saputo trovare di meglio! Cosa c'è di più struggente di un'ottusa, irriducibile frivolezza? Belle fanciulle con sguardi non contaminati dalla memoria, immuni dalla nostalgia, vestite di piume e pagliaccetti scintillanti, sgambettano sulla scena, in una scenografia di paccottiglia, fino a formare il bel quadretto finale, ansimante e smagliante di sorrisi e lustrini… in sala qualcuno sta già infilandosi il soprabito, tasta dall'esterno il taschino nella fodera per assicurarsi che il pacchetto di sigarette mentolate sia al suo posto, valuta con un'occhiata se gli convenga avviarsi verso destra o piuttosto verso sinistra per raggiungere più rapidamente l'uscita, quando, all'improvviso, buio totale! Ogni gesto preliminare al dopo teatro – ricerca delle chiavi, accensione del telefono – si interrompe bruscamente. Qui ci vorrebbero davvero i tamburi, ma non importa, qualunque rumore andrà bene, una cacofonia, qualcosa che crei uno choc sonoro. Anzi, meglio ancora: un elemento di scenografia precipiterà d'un tratto, dai tralicci su in alto, in mezzo al palcoscenico, l'ideale sarebbe un'enorme turgida bianca mammella, cava all'interno

– potreste avere qualcosa del genere nei vostri magazzini? *Budubumbumbudubum*! Le ballerine fuggono strillando e spargendo intorno piume e luccichii. Sorpresa, paura. Subito dopo, una luce bianca quasi accecante trafigge il centro della scena, dove l'immenso seno candido, come una montagna di neve, comincia a risalire lentamente, scoprendo noi due, in piedi, mano nella mano, immobili, mentre…"

Sfortunatamente, non possiamo che indovinare il seguito del dialogo, perché una lunga risata del pubblico lo sommerge, riversandosi nel vestibolo, provocata, parrebbe, da un gustoso aneddoto, efficacemente raccontato da un ex assistente del Maestro, noto regista largamente consapevole dei propri meriti.

Per alcuni cruciali secondi dobbiamo accontentarci degli indizi – abbastanza chiari, peraltro – che ci fornisce la mimica scettica o dolente del regista e dell'amministratore – espressioni perplesse, gesti dubbiosi delle mani.

Poi, a un cenno del regista, nostro padre corre ad abbassare il volume dell'ascolto, giusto in tempo per permetterci di afferrare una battuta dell'amministratore, che sembra essere la coda, piuttosto sfilacciata e incoerente, di un ragionamento volto ad argomentare l'insindacabile rifiuto dell'amministratore stesso.

Con o senza caduta di immacolata mammella sul palco, la soluzione prospettata dal Maestro presenta controindicazioni troppo severe perché loro, il regista e l'amministratore, sui quali, in assenza del direttore o di altri autorevoli referenti, grava tutta intera la responsabilità della serata, *controindicazioni troppo severe, dicevamo, perché noi possiamo permetterci di ignorarle.*

Se anche il Maestro e la signora apparissero *dopo*, risulterebbe evidente che loro, amministratore e regista, lo sapevano da *prima*.

E che, sapendolo, hanno taciuto, mandando così tutte quelle ignare persone allo sbaraglio, "… persone che, per quella serata, in buona fede," insiste l'amministratore, "hanno accuratamente preparato le proprie allocuzioni, con dispendio di energie, di tempo, magari sacrificando impegni familiari, professionali, istituzionali…"

A questo punto, Delia tenta visibilmente di sopperire alla costernante pochezza del dialogo, con un inopinato incremento dell'azione.

Il risultato è, come vedrai, piuttosto patetico.

Da parte di lui, crisi di furore, pugni sul tavolo, addirittura calci.

A due riprese si slancia verso il palcoscenico, rimanendo prevedibilmente impigliato nella tenda, così da consentire agli altri tre – l'impiegato è corso a chiedere aiuto – di trattenerlo con una certa facilità, impedendogli di irrompere sulla scena nel bel mezzo del discorso del ministro, mentre Delia è lesta ad appiattirsi contro la parete.

Da parte di lei, il solito stereotipato profluvio di lacrime e parole tenere, *stai calmo, forse potremo tornare un'altra volta*, e così via.

Perfettamente risibile la replica dell'amministratore alla suddetta battuta, al punto che ci domandiamo se non fosse già allora affetto da demenza, "… tornare un'altra volta! Perché no? Certo, ne saremmo felici, più che felici, e se magari trovaste il modo di avvisarci per tempo, non ci cogliereste impreparati…", e giù grandi sorrisi, bruscamente pietrificati però dall'inatteso suo avventarglisi contro e afferrarlo per il collo, e il regista che si mette in mezzo, gran parapiglia, colluttazione violenta, nella quale è coinvolto anche nostro padre.

Delia, spaventata a morte, starebbe per uscire dal suo nascondiglio, quand'ecco tornare l'impiegato, precedentemente corso a chiedere aiuto, trafelato e sconvolto, in compagnia di due energumeni dall'aria stolida, presumibilmente raccattati in qualche bar della zona.

L'intervento dei due uomini si rivela peraltro inutile, perché nel frattempo, e inspiegabilmente, lui si è afflosciato come una marionetta il cui manovratore sia stato colto da improvvisa crisi narcolettica.

Ora piange a testa china, o perlomeno così sembra a Delia, che lo vede solo di schiena accasciarsi sui gradini. E subito la moglie a sederglisi accanto, a circondargli le spalle che paiono scosse da singhiozzi silenziosi, a sussurrargli all'orecchio qualcosa di consolante che Delia non riesce a sentire.

Nel frattempo gli inutili energumeni sono scomparsi, l'impiegato si tiene prudentemente sulla soglia, e il regista e l'amministratore hanno recuperato il proprio tetragono *aplomb*, e osservano la scena con aria grave, ma come di definitivo e impaziente congedo.

Delia ci dice che è nostro padre ad accompagnarli con gentilezza fuori, proprio nel momento in cui, leggermente attutita, una scrosciante, interminabile ovazione – tutti in piedi, esaltati, commossi – saluta l'immagine sorridente del Maestro, a tutto schermo, accarezzata dalla musica inconfondibile di *Otto e mezzo*.

A questo punto, il racconto diviene ancora più confuso e lacunoso.

Un tragitto in autobus, il 70 barrato, fino a piazza Venezia.

Qui un debole guizzo, un breve emergere dalla catatonia, da quelle parti c'è un ristorante, *come si chiama? Il nome mi sfugge, il proprietario è un mio amico, si potrebbe fargli un saluto...*

"Ma è già morto da un po'."

"Davvero?"

Chissà.

Così dice lei, sospingendolo dolcemente verso la fermata del 916.

Arrivo alla stazione, deserta a quest'ora.

Nostro padre li guarda allontanarsi lungo i binari, a braccetto, in direzione nord, con un'andatura un po' sghemba.

Un attimo prima che scompaiano alla sua vista, un senso di cocente vergogna, improvviso, lacerante, lo riscuote, prova l'impulso di chiamarli, di rincorrerli, di implorarli di tornare indietro.

E lo farebbe.

Sennonché, tutt'a un tratto si ricorda di Delia, e di non averla più vista da almeno due ore.

Quando arriva davanti all'entrata principale del teatro non c'è più nessuno, le luci sono spente.

Sul piazzale, due uomini in abito scuro e cappotto slacciato (serata calda, quel 31 ottobre), si sono fermati a chiacchierare, fumando una sigaretta.

Col cuore in gola, nostro padre si precipita all'entrata posteriore, e nel vestibolo ritrova Delia, seduta, assorta, dietro la scrivania.

Padre e figlia si guardano a lungo con indicibile emozione e, in silenzio, suggellano il patto segreto cui nostro padre non verrà mai meno.

Questo racconta Delia.

Delia.

Dio, che insopportabile bugiarda.

Brividi immorali

Interludio per voce femminile

Un ponte molto esile, che i miei passi cauti fanno paurosamente ondeggiare.

Mi fermo a guardare, e vengo colta da una spaventosa vertigine.

Sotto di me l'acqua bruna turbina selvaggiamente, con uno scintillio fosco.

Oggi non ho raccolto gli escrementi del mio cane.

Mi trovavo in un parco, a mezzogiorno.

Avevo in mano l'apposito sacchetto e stavo già chinandomi sulle deiezioni fumanti – quattro mefitici piccoli cilindri scuri, di una consistenza molle e pronta a disfarsi – che si trovavano proprio sul margine del viottolo sterrato, lungo il quale in quel preciso momento passava, correndo, una coppia di giovani joggers.

Poco più in là, una silenziosa famiglia asiatica aveva steso sull'erba una tovaglia a riquadri bianchi e rossi, e si apprestava ad allestire un picnic.

C'erano diversi bambini, mi ricordo, di un'età compresa fra i tre e i dieci anni.

Qualche bianca nube sospesa, forse osservata troppo a lungo. No, sul serio. Può darsi che abbia avuto il suo peso, può darsi che…

Il ponte.

Sulla sponda opposta, le stesse pareti scoscese, lo stesso sentiero impervio. Di qua e di là dal ponte, lo stesso identico paesaggio.

Un'assoluta, definitiva simmetria.

"Posso NON farlo," ho detto in quel punto a me stessa, scagliando il mio corpo tra i flutti.

Tremendo, terrificante.

Il frastuono di una cascata, vicinissima, verso la quale la corrente furiosamente mi trascina, copre ogni altro rumore. Lotto per rimanere a galla, tento di afferrarmi ai massi scivolosi, ai cespugli strapazzati da raffiche di vento gelido.

Risalgo. Faticosamente, ferendomi le gambe e le mani, ma risalgo.

Non ho intenzione di ritrovarmi su quel ponte.

No, farò il giro largo.

Afa, calca, torpore.

Un'enorme mano meccanica è stata sganciata su di me dall'alto, dove normalmente è appesa la maniglia per sorreggersi. Alla quale, infatti, quest'uomo anziano che si appoggia stoltamente al suo bastone farebbe bene ad aggrapparsi, piuttosto che lasciarsi sballottare di qua e di là, e venire proiettato in avanti a ogni sibilante frenata del tram, e poi di nuovo all'indietro, a ogni sferragliante ripartenza.

E non serve che mi guardi.

Un'implorazione, un rimprovero, una sfida.

Qualunque cosa sia, l'immensa mano meccanica mi tiene inchiodata al mio posto, sul sedile rigido e duro.

Mi tirerò sulla testa il tuo sguardo, come un fresco lenzuolo.

Non mi alzo. Non voglio. Non mi alzo.

Sono riuscita a evitare il ponte.

Eppure, la tentazione di un tuffo deve avermi colta alle spalle, di sorpresa, lungo uno di questi sentieri tutti uguali. Il riverbero del sole sull'acqua intravisto fra le foglie, probabilmente.

A pensarci bene, mi pare di ricordare qualcosa del genere.

Devo aver corso a perdifiato, incespicando, e poi mi sono buttata.

È andata nettamente meglio questa volta. Ho perfino nuotato. Non molto a lungo, certo, giusto un paio di bracciate scomposte.

Paura sì, ma non panico.

Ho conservato il sangue freddo, direi.

E ora si aprono prospettive infinite.

Abbandonare sulla spiaggia un sacchetto di plastica.

Farsi strada sgomitando per arrivare tra i primi al buffet.

Corteggiare i potenti.

Tradire le promesse.

Umiliare una domestica, accusandola di furto.

Manipolare un debole.

Infilarsi di prepotenza in un parcheggio, superando, con una rapida manovra, l'auto che aspettava col motore acceso di prenderne possesso.

Bere direttamente da una bottiglia di aranciata destinata all'uso di molti.

Schizzare di fango i passanti, guidando a forte velocità sulle pozzanghere di una via stretta e senza marciapiede.

Insinuare sospetti.

Con la punta della scarpa spingere furtivamente briciole di pane sotto un tappeto.

Mentire, mentire molto, senza vergogna.

Una buona volta, lasciarsi trascinare verso la cascata.

Precipitare in un lago di acqua scura e profonda, ma incredibilmente calma.

Galleggiare tranquillamente sulla schiena, con lo sguardo rivolto al ponte oscillante, ai sentieri scabrosi e impervi.

Lontanissimi, ormai.

…

Colpo di coda

Racconto di un ragazzo

"Non ce la faccio. Non ce la posso fare."

Me l'avrà ripetuto almeno dieci volte nelle ultime due ore.

Se ne sta mezzo sfranto sul bancone, come un vecchio cow-boy fuori servizio dentro un saloon in un western americano in bianco e nero, e poi mi guarda con gli occhi tutti lucidi e rossi a forza di venirgli voglia di piangere – anche se, per me, le tre birre che s'è bevuto una appresso all'altra hanno contribuito almeno in ugual misura.

Per farmi pena, certo, mi fa pena.

Siamo proprio amici amici dal secondo anno del Classico, cioè insomma, del Ginnasio, che per quanto mi riguarda fu un errore e infatti poi passai al Tecnico Agrario che fu un altro sbaglio micidiale, anche se nel senso opposto, ma comunque, da quel momento, ovverosia da dodici anni, siamo rimasti in contatto praticamente quotidiano, e quindi è chiaro che empatizzo.

Solo che tanto ormai l'ho capito che a lui non gli serve un consiglio, gli serve un ordine, cioè io gli dovrei dire *fai così e così, e basta, non si discute, le chiacchiere stanno a zero*, e in questo modo lui si scaricherebbe la coscienza.

I sensi di colpa lo attanagliano, dice lui.

Può anche darsi che sia vero, io non lo metto in dubbio, però non è che, siccome ti *attanagliano*, tu ti puoi deresponsabilizzare facendo *attanagliare* un altro. Mi pare troppo comodo, e soprattutto non mi sta per niente bene, perché ormai a Sonia mi ci sono affezionato.

C'è da dire che io, proprio per temperamento, ai sensi di colpa sono alquanto refrattario. Sarò un superficiale, ma a me il senso di colpa non mi è mai venuto.

Se per esempio faccio una cosa che a posteriori non mi pare corretta, io magari dico *ho sbagliato, mi dispiace*, ma poi finisce lì, non è che per mesi mi rodo e mi tormento e che la cosa mi leva il sonno.

Per il mio modo di vedere, uno le colpe ce l'ha o non ce l'ha. E se ce l'ha, lo riconosce e se le tiene.

A che serve tutta questa manfrina?

Ora, non voglio essere cattivo, però per me il senso di colpa c'ha una funzione sola: che a forza d'essere sensibile e di soffrire, invece di compatire quello a cui hai fatto un torto, finisce che compatisci solo te stesso e che ti piangi addosso e basta.

Col risultato che io per esempio sono quattro settimane che mi tocca ascoltare questi piagnistei, e non si va né avanti né indietro.

A parte poi che se vuoi fare uno sfogo di questo tipo ti scegli un posto consono, un bel caffè coi *séparé* come ce ne stanno in centro, e magari invece di tre birre ti fai tre *long drink gin e soda.*

Fabio, viceversa, mi dà appuntamento in questo postaccio, il peggio della periferia est, che è già un postaccio di suo – e io lo posso dire a ragion veduta, perché ci sono cresciuto fino a tredici anni e ci ho fatto tutte le medie, in una scuola che cascava a pezzi.

Anche qui è tutto mezzo scassato, in un modo che a mio parere non ha nulla di poetico.

E secondo me è pure sporco.

C'è una musica tremenda che ti trapana i timpani – se vuoi scambiare confidenze di una certa intimità, non è che sia proprio il massimo – e il tipo tatuato che si appoggia al bancone qui accanto al mio gomito ha la fronte più bassa che io abbia mai visto e addosso un odore abbastanza spaventoso, un misto di sudore e di zuppa di cipolle.

Magari Fabio mi ha dato appuntamento qui proprio perché si sente in colpa, come una specie di penitenza che forse reputa di meritare.

Mi sembrerebbe una cosa plausibile, trattandosi di lui.

Stiamo appollaiati da più di due ore su certi sgabelli alti e traballanti di una scomodità punitiva e per quanto mi riguarda una lama d'aria gelida mi trafigge il collo e la spalla destra.

Io, per dirla tutta, avrei anche un appuntamento dall'altra parte di Roma e se è vero che in generale la puntualità non è proprio il mio forte, non è neanche che mi posso fare aspettare all'infinito, tanto più che mi annoio mortalmente e non capisco a che serve che resti qui a fare il padre confessore, visto che di sicuro non sono io la persona più adatta a dispensare consigli su questa materia.

Personalmente, ho avuto tre rapporti in tutto, i primi due abbastanza saltuari e non troppo coinvolgenti, almeno per me. In entrambi i casi, quando è finita, è stata una cosa tranquilla, non mi pare che abbia fatto danni enormi, forse perché non sono un tipo appassionato e neanche romantico e, di conseguenza, non creo grandi aspettative, né grandi illusioni.

La terza volta, con Elena, è stata una storia più impegnativa, che però a un certo punto stava diventando *parecchio* impegnativa, e allora ci siamo lasciati, ma comunque in pace e di comune accordo. Cioè non è che tutt'a un tratto uno ha detto *basta* e ha inchiodato. Abbiamo scalato una marcia, poi un'altra, e così, col freno-motore, la cosa è andata scemando a poco a poco e senza contraccolpi. In pratica non c'è stata una separazione con l'annuncio ufficiale, il giorno tale all'ora tale, discussioni e roba del genere; anzi, se vai a ritroso, se ci ripensi, non sapresti nemmeno dire quando è cominciata.

Il più difficile è stato sradicare qualche abitudine che avevamo preso col tempo, senza nemmeno accorgercene, sai quelle cose che vengono così, per caso, e che però hanno la loro importanza, fanno un tran tran, una *routine* che se te la levano tutta insieme ti sembra che ti manchi la terra sotto i piedi, mentre invece se procedi con calma e con criterio, un pezzo alla volta, quasi quasi neanche lo noti.

Con Elena, per esempio, quando si è trattato di riprenderci biancheria e cose varie che avevamo lasciato io a casa sua e lei a casa mia, magari ci bevevamo un caffè, e io le ridavo una borsa del trucco, e lei mi riportava un paio di scarpe.

Senza traumi, con *nonchalance*.

Poi, faccio per dire, uno quel giorno non telefonava, poi neanche il giorno dopo, e finiva che si arrivava tranquilli tranquilli a una settimana che non c'eravamo sentiti.

E così, una mattina ti svegli e pensi, *oh, ammazza non stiamo più insieme e – sai che ti dico? – sto bene, sto in forma.*

Liscio liscio, senza lasciare cicatrici.

Un po' di magone ogni tanto magari può succedere, non dico di no, però lì devi tenere duro, altrimenti sei fatto.

Insomma, ormai posso dire che è diventata una bella amicizia, con soddisfazione di entrambi.

Certo, con questo non voglio significare che sia proprio tutto semplice.

Elena è un tipo abbastanza tosto, sa il fatto suo, e prima di lasciarti passare qualcosa, bisogna che controlli che tutti i documenti siano in regola.

Ma è anche un tipo diretto, e questa è una cosa che io so apprezzare.

Insomma, per farla breve, siamo rimasti in ottimi rapporti; per quel che mi concerne, mi fa sempre piacere vederla, e penso sia uguale nell'altro senso, anche se però ora lei è tutta occupata con la tesi, per cui ci si vede un po' meno.

Per Fabio, una cosa così è praticamente fantascienza.

Lui quando si innamora, si innamora sempre *pazzamente*.

Sempre, vuol dire le due volte che gli è capitato di innamorarsi.

La prima volta e la seconda, cioè prima Gabriella e poi Sonia, è *la donna della sua vita, la persona più straordinaria, l'intesa più perfetta*, eccetera eccetera.

E allora la separazione, chiaramente, diventa una mezza tragedia.

Quella da Gabriella quattro anni fa, fra tormenti e pianti, e quella da Sonia, che, a sentir lui, pare che sarà almeno altrettanto tragica.

Io veramente, avessi dovuto azzardare un pronostico, questa volta m'immaginavo una cosa più normale, perché Sonia e Gabriella non hanno niente in comune, Sonia mi è sempre sembrata molto più tranquilla e riflessiva.

Però Fabio mi giura e mi assicura che non ci si deve fidare delle apparenze.

È per questo che siamo qui.

In questo postaccio.

Arrampicati sui trespoli.

Col condizionatore che mi spiffera sul collo un'aria gelida che sembra la bora triestina.

Quello che lui avrebbe voluto adesso è la stessa cosa che voleva a suo tempo con Gabriella, e che non gli riuscì neanche minimamente di ottenere, e cioè che, appena il suo amore per lei cominciava poco poco a traballare, che lui ancora quasi neanche realizzava del tutto la cosa, senza nessuna sua responsabilità, come per miracolo, Sonia, per conto suo, di sua iniziativa, avesse deciso di lasciarlo.

Invece siamo già a cantare il *De Profundis*, e Sonia pare convinta di essere al culmine della felicità romantica dell'amore reciproco e perfetto.

Da più di un mese, Fabio vede precipitare il suo amore per Sonia, *con terribile sgomento.*

Che mi pare una cosa altrettanto inutile che farsi venire le paturnie quando vedi svuotarsi una vasca piena d'acqua dove pensavi di farti un bel bagno, ma non puoi farci niente perché, chissà come, ti sei perso il tappo.

Il fatto poi che Sonia non se ne sia ancora accorta, non è neanche così strano, perché c'è da dire che Fabio è talmente intorcinato e contorto che più non sente niente e più pare che è innamorato, tutto moine e attenzioni, *amore di qua, tesoro di là*, che anch'io che sono un tipo scettico e concreto ci cascherei con tutte le scarpe.

Ora, nonostante tutto, io gli darei volentieri una mano, se non altro per liberarmi di questo ruolo, così poco confacente alla mia struttura psichica naturale.

Ma se è vero che in campo amoroso sono abbastanza apatico e indolente, questo non vuol dire che sono una persona senza sentimenti, e Sonia mi è simpatica... oddio, simpatica non è proprio la parola, non è che con lei ti ammazzi dalle risate.

Però insomma la stimo, mi interessa, e dunque conseguentemente mi fa pena, e non mi va per niente di fare quello che dice *fregatene e lasciala, e chi s'è visto s'è visto.*

Non l'ho mai trovata molto sexy, questo è vero, ma se il tuo affascinante amico decide di mettersi con una donna non proprio bella né tanto brillante, se questa è la sua scelta, tu l'accetti e basta.

Lì per lì magari sei un po' stupito.

La prima volta che la vedi e ci scambi stentatamente due parole (Sonia è un tipo piuttosto taciturno), la prima volta, dico, certo, fai un po' di fatica, perché non si può negare che c'è uno scarto considerevole fra l'immagine che nella tua testa hanno formato tutte le descrizioni entusiastiche del tuo amico e la realtà abbastanza modesta e anche un po' grigia che ti trovi davanti.

Ma poi te ne fai una ragione, e anzi a un certo punto il contrasto neanche lo noti più, perché quell'entusiasmo del tuo amico innamorato che all'inizio ti aveva fatto sognare e che poi ti era sembrato assurdo, diventa come una fonte alla quale puoi sempre abbeverarti, quando sei a corto di risorse.

D'altra parte tutto quello che potevo dire, salvo soltanto comandargli di lasciarla, che è quello che lui vorrebbe spingermi a fare coi suoi lamenti melodrammatici, io l'ho già detto da un pezzo.

Ma non è servito a niente, e oltre tutto l'ho pagato anche molto caro, con un senso di disagio pesantissimo che ha già intossicato le sei serate a tre che mi sono dovuto sorbire nelle quattro ultime settimane: due cinema, un ristorante tailandese, una presentazione di un volume di poesie in una libreria del centro, e due cene improvvisate a casa di Fabio, *dai, resta, ci fa piacere, ci arrangiamo con quel che c'è.*

Dice:

"Ho preso un terribile abbaglio."

Ora, secondo il mio modesto parere, anche questa è una cosa che non sta in piedi.

Un abbaglio può essere una cosa di cinque minuti, mica di tre anni. Non è che dopo tre anni che state insieme e in procinto di cominciare una convivenza, tu mi vieni a parlare d'abbaglio.

Poi fa:

"Come faccio a dirglielo ora, la ucciderei."

Certo, proprio ora che siete *in procinto*, non è una bella cosa, ti sei svegliato un po' tardi, è chiaro che quella sbarella.

Però c'è modo e modo, per fortuna ci stanno i gradi di giudizio, non è che si va subito in Cassazione.

Uno prende tempo, no? Aspetta un attimo, interloquisce.

E qui Fabio riparte col solito ritornello:

"Non ce la faccio, non ce la posso fare."

E allora che ti devo dire? Fai come ti pare, beviti *l'amaro calice*, e tanti saluti a casa.

Tra l'altro ho fatto tardi, era un appuntamento per un lavoro, una cosetta per guadagnare qualcosa, certo, mica chissà che, però in questo momento mi farebbe comodo, uno ci paga qualche buffo e tira avanti.

Tutte queste lamentazioni e cupi silenzi m'hanno risucchiato la linfa vitale.

Sto immobile come un busto al Pincio.

La testa mi fa male, la spalla e il collo sono talmente irrigiditi che mi sembra che qualcuno me li abbia inchiavardati su una sbarra di metallo.

Fabio è tutto accasciato sul bancone nella sua posa da *Werther.*

Mi alzo e metto mano al portafogli.

Sono quasi le dieci di sera quando arriva una chiamata di Sonia.

Parla in un modo tutto diverso.

Non proprio allegra, ma comunque animata, che è già una cosa eccezionale per come è lei. Fai conto un pulcino che ha appena appena cominciato a scalfire il guscio.

Più che altro, un embrione di allegria.

"Ti disturbo?"

"No, no, tranquilla. Stavo cominciando a prepararmi qualcosa da mangiare..."

"Vuoi che ti richiami più tardi?"

"No, non c'è problema. Magari ti metto in viva voce, così continuo a cucinare. Vai, dimmi."

Ecco, per fare un esempio. Non conosco nessun'altra donna che a questo punto non domanderebbe: "E che cosa stai preparando di buono?" il che mi obbligherebbe a scendere nel dettaglio degli ingredienti e roba varia, che non gliene frega niente a nessuno, e poi dai coi consigli, *io farei così, perché non fai in quest'altro modo…* e io dovrei far finta di stare ad ascoltare, insomma uno spreco di parole tremendo, tutto un preliminare inutile prima di poter arrivare al tema vero e proprio, che sarebbe poi la ragione per cui il chiamante ha chiamato, e che magari ha urgenza di dire, e che il chiamato comunque è impaziente di sentire, così può ritornarsene a farsi i fatti suoi, che sarebbe per esempio il mio caso stasera, visto che sto cucinando.

Può essere, anzi è probabile, che Sonia non si inerpichi per questi sentieri secondari della conversazione per la semplice ragione che non è curiosa e certi particolari non le interessano. Ma ciò non toglie che i suoi modi un po' spicci sono uno dei motivi per cui, quando vedo il suo nome sullo schermo del mio cellulare, quasi sempre decido di rispondere.

"Pensavamo, con Fabio… non so se Fabio ti ha già detto…"

Fabio mi ha detto un mucchio di cose, ma mi pare difficile che Sonia possa riferirsi a *quel* genere di cose con questa specie di tenero cinguettio.

"No, non credo…"

"Abbiamo visto un annuncio che sembra davvero molto interessante e… come?" dice, in risposta a un indecifrabile bisbiglio – mi pare di vederlo Fabio, appostato sulla sua spalla –, "… sì, certo, a parte qualche piccolo intervento di ristrutturazione, che si renderà probabilmente necessario, ma nell'insieme…"

Si interrompe di nuovo per stare a sentire altri incomprensibili mormorii.

"... sì, non c'è ascensore, ma è soltanto un secondo piano. Insomma, nell'insieme, ci sembra davvero un'occasione, ma vorremmo un tuo parere, e quindi, prima di fissare un appuntamento col proprietario... sì, cioè, con l'agenzia, volevamo sapere se in settimana... aspetta, ti passo Fabio."

Appena Sonia gli passa il cellulare, Fabio mi rovescia addosso una valanga di domande su cosa ho fatto negli ultimi due giorni, e come me la passo, e il mio grado di soddisfazione in generale, il che mi indica chiaramente che, per non so quale ragione, non ha ritenuto di dover dire a Sonia del nostro incontro del pomeriggio nel postaccio di Torre Spaccata.

Mi adeguo di malavoglia e in modo alquanto sbrigativo a questa finzione (ho quasi fatto bruciare il *gâteau* di patate che avevo messo in forno), e subito contrattacco:

"Ma non le hai ancora detto niente?"

"Effettivamente, sembrerebbe un'ottima occasione," fa lui, "il prezzo non è alto e..."

"No, io questa volta non ci vengo, te lo dico subito..."

"Si può visitare solo martedì e giovedì pomeriggio tra le due e le tre..."

Mi sta comunque offrendo un appiglio, mi conviene approfittarne. Mi precipito a cogliere questa momentanea convergenza, prima che mi sfugga, e ristabilisco la forma di un dialogo:

"Di' a Sonia che non posso: martedì sono da mia madre e giovedì c'ho un incontro per un lavoro..."

"Ah, lo immaginavo... Martedì e giovedì non può," si affretta a spiegare a Sonia, in tono esageratamente deluso. "Che facciamo?"

La cosa che più mi lascia perplesso è che tutti questi scrupoli morali, tutta questa sensibilità, tutti questi sensi di colpa, alla fine diventano un pretesto per sentirsi autorizzati ai comportamenti più ipocriti.

Mi fa venire voglia di vomitare, tanto che per un pezzo li lascio a dibattere amorevolmente la questione in cucina, mentre trasferisco il vassoio con la mia cena davanti al televisore, nel soggiorno.

Sono proprio questi pensieri a distrarmi – lo schermo è acceso, ma senza suono, e io ci butto appena un'occhiata – al punto che solamente dopo parecchi minuti mi ricordo che ho lasciato in sospeso la nostra conversazione, e solo perché un coretto ridacchiante sta urlando il mio nome dal tavolo della cucina.

Sono stato io a chiedere a Elena se ci potevamo vedere.

Avevo le idee confuse, ma soprattutto la visita all'appartamento (due grandi stanze da letto, soggiorno con cucina a vista, ampio balcone e cantina, in un bel quartiere, il tutto per un prezzo inspiegabilmente basso) mi ha lasciato addosso una sensazione bruttissima, come se fossi sporco.

Non per via dell'appartamento in sé, ovviamente, ma stare lì a recitare la parte del consulente e consigliere, e ritrovarmi costretto a non approvare completamente, a spaccare il capello in quattro, a fare il pignolo su questioni di nessuna importanza, *non va questo, non va quello*, quando invece era tutto fenomenale e perfetto, ce l'avessi io un posto così…

Una cosa davvero spiacevole.

Probabilmente, Elena ha capito dal tono della mia voce che non si trattava del solito *vogliamo mangiarci un boccone?* di quando, per esempio, ho avuto una giornata troppo pigra o troppo scialba e non mi va di rimanere solo, e da lei mi aspetto qualche battuta divertente su conoscenti comuni, qualche simpatica risata.

Deve avere intuito che non è nemmeno la stessa cosa di quando mi metto a nutrire dubbi sul mio aspetto, magari mi sento un po' abbrutito dopo qualche giorno che mi trascino per casa in canottiera, e allora le chiedo di incontrarci da qualche parte dopo cena, perché la prospettiva di sottopormi al suo giudizio estetico mi stimola piacevolmente a esitare sulla scelta della camicia da indossare – voglio precisare che è solo un esempio, io non ho camicie… A questo proposito… no, andiamo per ordine.

Insomma, questa volta Elena mangia la foglia, sente che ho bisogno del suo aiuto, e si fa un po' pregare.

È una ragazza davvero in gamba, però è dispettosa.

Lei lo nega, chiaramente, ma io sono sicuro di quel che dico, ne ho avuto la riprova più di una volta.

Arriva al ristorante in ritardo e trafelata, guardandosi intorno come se fosse inseguita da un molestatore, poi si siede, sbuffando e liberandosi contemporaneamente, con una serie di gesti disordinati e nervosi senza soluzione di continuità, di tutto l'armamentario che porta addosso: zaino, giacca di tela e casco integrale.

Per fortuna, dopo un calice di prosecco per accompagnare gli antipasti, assume una posa più rilassata, cosicché il comodo schienale del divanetto di similpelle può finalmente espletare la sua funzione.

Poi mi guarda dritto negli occhi e chiede con un sorrisetto ironico:

"Qual è il problema?"

Non mi è mai troppo piaciuto questo modo che ha lei di affrontare una conversazione. Pare sempre che voglia coglierti in fallo, mi fa un po' l'effetto di quando giocavi a nascondino, e non avevi neanche fatto in tempo a infilarti dentro l'armadio che già quell'altro strillava *Tana!* e ti toccava metterti contro il muro a contare fino a cinquantuno.

Ma stasera ci passo sopra, mi sento troppo fiacco per schivare le sue bordate.

"Sai, Fabio?" dico.

Effettivamente, non è un inizio geniale, ma non è neanche il caso di fare una faccia come se l'avessi insultata.

Ho poca voglia di proseguire, mi prendo una pausa di qualche secondo.

"Be'?" fa lei dopo un po', alzando bizzosamente il mento, con un tono che non ha nulla di incoraggiante.

"È in una situazione difficile..."

"In che senso?"

Calma, rilassati, ora ci arrivo.

"Ti ricordi Sonia?"

Non mi aspetto una risposta affermativa, si sono appena intraviste una volta, e Sonia non ha un viso indimenticabile.

E infatti Elena dice, con una smorfia indifferente:

"Vagamente."

La prendo abbastanza alla larga, cercando di non dare importanza alla sensazione molto fastidiosa che mi procura lo sguardo di Elena, che ora pare concentrato sui miei gesti, più che sulle mie parole.

Non riesco a portare la forchetta alla bocca, o a versarmi altre due dita di vino, senza che i suoi occhi mi seguano con un'attenzione sospettosa e severa, è abbastanza inquietante, più o meno come venire intercettati dal laser di un ricognitore…

No, dicevo, a proposito di camicie: mi colpisce in questo momento la similitudine fra quello che sto per raccontare a Elena e una cosa successa un anno fa, o forse anche di più, e che lì per lì era solo una cosa piuttosto buffa, ma che ora, alla luce dei fatti, può anche essere stato un segnale, un'avvisaglia.

Mi riferisco a questo.

Fabio viene da me un pomeriggio, depresso come a una veglia funebre.

Io mi immagino che sia successo chissà che, ci vado cauto, lo interrogo, indago, faccio domande, ma lui *niente, tutto a posto, tutto bene, nessun problema*, però sempre con quell'aria lugubre.

Fino a che ammutolisce per qualche minuto, poi mi guarda con un'espressione tremenda e fa:

"Elena ti ha mai stirato una camicia?"

Ho già detto che io non ho camicie; cioè, in realtà, ce n'ho una a righe che mi ha dato mio padre e mi fa abbastanza schifo, ma non so nemmeno dov'è andata a finire.

Comunque, non è tanto questo.

Il solo fatto di immaginare Elena davanti alla tavola da stiro, con un ferro sbuffante in mano, impegnata con colletto e polsini, è irresistibilmente comico, mi fa venire da ridere, e infatti mi faccio una gran risata e dico:

“No, come ti viene in mente?”

Lui mi fissa con due occhi spiritati, poi risponde lento e grave come una campana a morto:

“Ieri Sonia mi ha stirato una camicia.”

Ma serissimo, neanche mi stesse dicendo di aver perso l’intero patrimonio di famiglia giocando alla roulette.

La cosa si è chiusa lì, non ho mai saputo d’altronde se Sonia ha perseverato nel suo ruolo di stiratrice a domicilio e lui ha finito per trovare la cosa conveniente, oppure se si è trattato di un episodio che, per volontà dell’uno o dell’altro, non si è mai ripetuto.

Questo è un pensiero fra me e me, una cosa che mi viene in mente mentre Elena mi scannerizza, fra un boccone e l’altro.

Fra poco arriva l’analogia, cioè tutta la storia che voglio raccontare a Elena, anche se so perfettamente di non potermi aspettare da lei la minima indulgenza nei confronti di Fabio – è una cosa scontata.

Lei lo conosce soltanto di vista, si saranno incontrati due o tre volte, quando ancora io e lei stavamo insieme. Ma questo non ha impedito che si formasse un giudizio definitivo su di lui, lei è fatta così, è piuttosto rapida in questo genere di cose.

L’espressione con la quale ascolta le mie prime battute, un sintetico resoconto della situazione in cui si trova Fabio, che poi è la premessa alla richiesta di un consiglio sul consiglio da dare a lui, mi conferma quello che mi pareva di ricordare, e cioè che Fabio le è profondamente antipatico.

La sua bocca prende una piega a dir poco sprezzante, non appena mi addentro nel dettaglio degli avvenimenti più recenti.

Ma bisogna arrivare al dunque.

Perché quello che per me fa di tutta la storia una specie di rompicapo, un enigma, non è che Fabio si sia stancato di Sonia e non abbia il coraggio di dirglielo, questa è una cosa all'ordine del giorno, anche se io personalmente non la capisco del tutto.

È *il modo* nel quale Fabio si è stancato di Sonia che fa la differenza, che mi sembra incomprensibile.

E come fa uno a dare consigli su una cosa che non capisce?

"Ti sembrerà..." comincio, "effettivamente, è una storia piuttosto assurda... è andata così..."

La prendo dall'inizio.

Cioè dall'inizio della fine.

Che è una serata di maggio, circa un mese fa.

Fino ad allora, grande amore, intesa perfetta, eccetera eccetera, tanto che lui e Sonia stabiliscono di comune accordo che è finalmente venuto il momento di andare a vivere insieme.

Vogliono festeggiare questa importante decisione, e si danno appuntamento quella sera per andare a cena in un bel ristorante.

Lui la va a prendere con la macchina che si è fatto prestare dalla madre. È un po' in anticipo, fa caldo, esce dall'auto e si accende tranquillamente una sigaretta.

È lì che fuma beato e contento, quando si volta e la vede che attraversa la strada per venire verso di lui, tutta sorridente, con un abito che non le ha mai visto addosso prima.

Nel racconto di Fabio, la raffigurazione di quest'abito con relativi accessori occupa almeno una decina di minuti, ma io, come si può facilmente immaginare, non sono in grado di riferire la cosa con precisione, e mi perdo nella descrizione di un complicato disegno floreale con molti colori, più una fila di bottoni, e una cintura di pelle di serpente, *una cosa terribile*, parole di Fabio.

Prendo le distanze come meglio posso dalla dichiarazione di Fabio, che mi ricordo bene perché mi aveva lasciato piuttosto stupefatto, e cioè che l'apparizione di Sonia con quel vestito sia stata come *uno choc, come svegliarsi da un sogno per precipitare in un incubo, una rivelazione definitiva, lampante, inesorabile...*

"Dio mio," pensa, "che cosa ho fatto..."

Benché mi riesca abbastanza difficile non lasciarmi intimidire dall'espressione di sarcastico disgusto con la quale Elena mi sta ascoltando, vado avanti a raccontare la seconda parte di quell'*apocalittica serata*, sempre parole di Fabio, ovviamente.

A cena, Fabio quasi non riesce a spiccicare parola. Sonia invece è, per una volta, piuttosto loquace.

Il tavolo accanto al loro è occupato da una giovane coppia.

Su di lui non c'è molto da dire.

La sua ragazza invece, pare, malauguratamente, circonfusa di luce.

Ha *capelli scuri con bellissimi riflessi color mogano, occhi scintillanti, sorriso radioso* e, come se non bastasse, indossa un tubino nero *di straordinaria eleganza.*

Fabio fa di tutto per non guardarla, gira addirittura la sedia nella direzione opposta, col pretesto che la luce proveniente da quel lato gli dà fastidio agli occhi.

E qui arriva il colpo di grazia.

Sonia sta mangiando e parlando contemporaneamente e Fabio, all'improvviso, è ipnotizzato dai movimenti della sua bocca.

Tutto il resto scompare, *come inghiottito da una spaventosa voragine.*

La bocca di Sonia galleggia *in un buio assoluto, totale, muovendosi in su e in giù, aprendosi e chiudendosi, terrificante come la porta dell'Inferno*, e Fabio sente, *con disperata certezza, che tutto è perduto, per sempre.*

Sinceramente, non so come ho fatto. Non so come sono riuscito ad arrivare in fondo.

Il mio racconto è durato sì e no una quindicina di minuti (siamo al secondo, e sotto tortura non saprei dire che cosa ho mangiato), eppure mi sento completamente sfinito.

Elena ha lasciato quasi intatto il suo spezzatino con verdure.

Allontana il suo piatto, appoggia i gomiti sul tavolo e, sporgendosi in avanti, mi fissa con occhi atrocemente ostili.

Poi proferisce lentamente, scandendo ogni sillaba, la sua sentenza, secca come un ramo di pino quando non è piovuto da due mesi:

"Io non ho parole."

Siamo finiti a litigare.

No, voglio dire, è pazzesco.

Faccio notare che negli undici mesi che abbiamo passato insieme non era praticamente mai successo.

Si va a litigare per una storia che neanche ci riguarda direttamente; soprattutto lei, che nemmeno li conosce.

Lei trova Fabio *disgustoso, rivoltante*, è disposta a concedergli le stesse attenuanti che voi o io accorderemmo a Jack Lo Squartatore.

E io non è che lo voglia difendere, ma insomma Fabio è un mio amico, non posso mica assistere a un linciaggio da folla inferocita (*Folla Inferocita* è un soprannome che le sta bene, voglio servirmene quando la citerò col mio analista – non ho analista, anche questo è un esempio, come le camicie; anzi, peggio, neanche uno a righe che mi fa schifo…), non posso mica presenziare a questa *condanna a perpetuità* senza regolare processo, e rimanermene con le mani in mano.

E poi neanche mi sono sbilanciato più di tanto.

Ho detto solo che non è un uomo senza scrupoli, che soffre, non ci dorme, beve (per essere onesti, beveva anche prima), c'ha i sensi di colpa.

E soprattutto l'argomento che mi pare decisivo: non ha un'altra, che è già una cosa eccezionale.

Di solito, la rivelazione che di una con cui stai non te ne frega più niente arriva poco alla volta quando un'altra che ti interessa ti sta facendo capire che forse ci può essere qualcosa, e le esitazioni *me ne vado oppure resto* corrispondono pari pari a *ci sto o non ci sto* di quell'altra, uguali uguali, come riflesse in uno specchio.

Non si è mai sentito di una rivelazione tutta in un colpo, una sera di maggio, per via dei colori di un vestito.

Sarà perfido, sarà crudele, ma almeno è originale.

Certo, ti arriva questa botta fra capo e collo, non dev'essere facile, io lo capisco. Ma lui è fatto così, è strano, e d'altra parte è il suo fascino.

Se tu, donna, non vuoi avere simili problemi, dico io, semplicemente stai alla larga da questo genere di uomini.

Se ti innamori di uno come Fabio, tutto fuoco e fiamme,

poi devi mettere in conto che, a fiamme spente, resta la cenere.

Io, per esempio, me ne frego di come una è vestita. Per me una che mi piace può andare in giro con un sacco addosso, io neanche ci faccio caso.

E allora magari si lamenta, dice *non mi guardi, non fai attenzione...* Lo vedi? Non è che si può avere tutto dalla vita, le *beurre...* ossia, il burro e i soldi del burro, come dicono in Francia.

Comunque alla fine Elena il suo parere me lo dà, anche se devo impegnarmi a fondo per riuscire a ripulirlo da tutto il fiele che ci butta sopra.

Secondo lei, Fabio deve parlare subito, il prima possibile, *sarebbe un crimine*, parole sue, lasciare Sonia *nell'inganno delle sue illusioni.*

E io devo dire che, a parte tutto, e cioè che c'è modo e modo di esprimere un parere, in fondo sono d'accordo.

Io, per me, non sarei stato neanche a macerarmi per un mese, e questo a Fabio gliel'ho detto e ridetto.

Solo che ho dimenticato di dargli del lurido farabutto, e con uno come lui non è che puoi sparare a salve, lui deve sentire l'odore del sangue, altrimenti non si sposta di un millimetro.

Fatto sta che quando, il giorno dopo la cena di cui sopra, gli ho riferito due o tre paroline che Elena m'aveva pregato urlando gentilmente di recapitargli, lui finalmente si è convinto.

Domani ci parla, le dice tutto, tranne il vestito che è *solo una cosa simbolica, che magari rischia di ferirla.*

Così ha detto.

Mentre invece che a lui di lei non gliene frega più niente chissà che piacere che le fa.

Questo alle sette. Alle otto e un quarto mi richiama, con la voce tutta impastata.

"Che idiota!" dice. "Domani è il suo compleanno! Non posso farle questo."

Effettivamente, anche se lo impacchetti bene bene con la carta multicolore e ci metti sopra un bel fiocco dorato, non è proprio un regalo di compleanno che ti riempie di gioia e di gratitudine.

E allora? *Dopodomani, dopodomani senz'altro.*

"Ma domani vieni, devi venire assolutamente, non puoi lasciarmi solo!"

Alle cinque. Saremo una ventina.

A me ieri Sonia m'ha fatto veramente pena.

Bisognava vedere com'era contenta.

Di tutta la festa, e poi soprattutto del regalo che le ha fatto Fabio, che sarà costato più del mio stipendio. Cioè, voglio dire, in senso ipotetico, se ce l'avessi lo stipendio.

E poi, tutta la serata, paroline e baci e tenerezze e abbracci, che io non sapevo più dove guardare, e lei splendeva di sorrisi, e infatti per la prima volta ho capito quello che voleva dire il padre di Fabio quando diceva che Sonia era un diamante grezzo, che è una cosa che finora m'era sembrata abbastanza inappropriata.

E allora poi Fabio mi fa:

"Lo vedi com'è felice? Ora sarà durissima."

E certo.

Perché siccome lui è sul punto di lasciarla, e si sente rimordere la coscienza, si sdilinquisce e si commuove e, di conseguenza, sembra al massimo dell'estasi amorosa; che, secondo me, è una cosa assurda e malsana.

Va bene il senso di colpa, ma se tu sei deciso che mi vuoi defenestrare, e però nel contempo sei tanto preoccupato di non farmi male, non è meglio che mi butti giù da piano terra, invece che dal quinto piano?

Vabbè, comunque, oggi mi telefona e dice:

"L'ho chiamata."

Io faccio:

"E quando vi vedete?"

Invece poi mi spiega che lui *non ha la forza di parlarci di persona*, e quindi, onde evitare il *vis-à-vis*, se n'è proprio andato da Roma, in una specie di casale che i suoi c'hanno in campagna dalle parti di Olevano Romano.

S'è piazzato sotto la pergola in contristata solitudine, e dopo molte sofferte esitazioni, ha chiamato Sonia al cellulare.

Io, per dirla tutta, questa cosa un po' me l'aspettavo, perché lui è proprio il tipo che quando finalmente si arriva al dunque, la cosa non l'affronta, si sottrae, in quanto non è proprio strutturato per reggere il peso psicologico di quella che magari piange e si dispera, e meno ancora se invece, puta caso, ha una reazione d'altro tipo, e prima ti salta al collo e poi ti scaraventa addosso mezza casa.

"Vabbè insomma, com'è andata?"

"Non è andata," dice. "Non sono ancora riuscito a parlarci."

Perché pare che quando Fabio ha chiamato, verso le dieci di mattina, Sonia stava impicciatissima, tanto che lui non è riuscito a dire neanche una parola.

"Scusa scusa," gli fa lei tutta affannata, "in questo momento non ti posso parlare, ti dispiace se ti richiamo io fra un quarto d'ora?"

Lì per lì, l'ha preso in contropiede, tanto che Fabio c'è rimasto quasi male, e questo è comprensibile, s'era preparato tutto un discorso con cavilli e controcavilli, e quella gli chiude praticamente il telefono sul muso, con tutta la gentilezza, certo, ma comunque è una cosa che ti spiazza.

Vabbè, però questo succedeva alle dieci e ora è quasi mezzogiorno, quindi di quarti d'ora ne sono passati sette o otto e non si sono avute più notizie, magari uno può richiamare.

"Ho provato," dice lui, "ma lei non mi ha risposto."

A questo punto, per come sono fatto io, ammesso e non concesso che mi trovassi mai in un caso analogo, mi metterei l'anima in pace, e aspetterei che lei fosse in condizione di potermi richiamare e ascoltare quello che io comunque non ho tutta questa urgenza di comunicarle, come dimostra il fatto che sono più di quattro settimane che prendo tempo e meno il can per l'aia.

Ma Fabio invece all'una e un quarto mi richiama, con un tono tutto frastornato:

"Sonia non mi risponde più al telefono, non so cosa pensare. Ti prego, passa a casa sua, vai a vedere che succede."

Poi m'impacchetta tutta una spiegazione pretestuosa da presentare a Sonia, che mi sarei perso non so cosa che verosimilmente avrei potuto dimenticare ieri alla festa lì da lei, per cui devo assolutamente recuperarlo in tempo utile per un appuntamento di lavoro nel primo pomeriggio.

A questo scopo, faccio squillare il telefono di Sonia due o tre volte di seguito, sempre con lo stesso risultato, e cioè che non risponde a me così come non ha risposto a Fabio, e non c'è nemmeno la segreteria telefonica, ma solo una voce femminile meccanica che dice che *l'utente non è attualmente disponibile.*

Prendo la Metro A da Numidio Quadrato a Mattia Battistini, e poi il 146 e lo 025 fino a Boccea, e arrivo sotto casa di Sonia verso le tre e mezza.

Suono al citofono quattro o cinque volte, ma nessuno mi risponde.

Siccome le finestre del suo appartamento si affacciano sul cortile interno, non ho modo di verificare se sono chiuse, o magari solo accostate, il che vorrebbe dire che Sonia è uscita per qualche commissione di breve durata.

"Non ti muovere di lì," mi dice Fabio al telefono con una voce tutta agitata. "Prendo la macchina e ti raggiungo."

Ora, per chi non conoscesse la zona, si dà il caso che via Pantan Monastero sia una strada dove non c'è neanche uno schifo di bar come quello di Torre Spaccata; per cui, appena vedo una massa di nuvole scure addensarsi sopra la mia testa, comincio seriamente a preoccuparmi.

E infatti quando, verso le cinque, Fabio arriva sgommando con la macchina del padre, sono bagnato dalla testa ai piedi, e la maglietta di cotone mi s'è appiccicata addosso con un drappeggio tipo Venere di Milo.

Fortuna vuole che in quel momento il primo essere vivente intravisto da un'ora e mezza a questa parte, nella persona di una signora di mezza età carica di pacchi e dai modi amabili quanto quelli di un ufficiale giudiziario preposto a uno sgombero forzato, stia aprendo il portone.

In qualche maniera io e Fabio riusciamo a infilarci dentro senza darle il tempo di sbattercelo in faccia, e appena arriviamo nel cortile e alziamo gli occhi verso il terzo piano ci rendiamo conto che, quali che siano le faccende che hanno impedito a Sonia di rispondere al telefono e che la trattengono fuori di casa, lei deve aver previsto che occuperanno come minimo i prossimi cinque o sei giorni, perché tutte le finestre e le tapparelle sono chiuse sprangate, e l'appartamento ha l'aria di un posto dove le piante avranno tutto il tempo di appassire.

Sfortunatamente la sua coinquilina, una ragazza coi capelli rossi che io personalmente ho visto una volta di spalle, è attualmente a Boston per un corso di non so che, e quindi da lei non si potrebbe sapere niente, anche se uno avesse il suo numero di telefono, che comunque non abbiamo.

Data la splendida forma fisica e morale che Sonia sfoggiava ieri pomeriggio, io e Fabio concordiamo che nulla lascia pensare a qualcosa di tragico come un suicidio o roba simile, che poteva essere plausibile e paventabile magari domani, se la spiegazione ci fosse stata, ma certamente non oggi, visto che Fabio ha detto solo *Sonia*, e nient'altro, perché lei gli ha chiuso subito la bocca dicendo che aveva da fare, e peraltro con un tono indaffarato ma tranquillo.

Dopo altre due ore chiusi in macchina a fare inutilmente la posta davanti al portone di Sonia, mentre continua a piovere come Dio la manda, ce ne torniamo ognuno per suo conto a casa propria.

Fabio a tormentarsi coi suoi interrogativi, e io a domandarmi come mai uno a cui si presenta l'occasione di non fare una cosa che non voleva fare deve amareggiarsi tanto per non averla potuta fare.

Quello che è successo è una cosa che ha dell'incredibile.

Dopo una settimana di appostamenti sotto casa di Sonia, ai quali per mia fortuna non mi è dato partecipare perché nel frattempo ho trovato un lavoretto in un bar di Centocelle, Fabio vede la coinquilina di Sonia coi capelli rossi che sta tornando a casa una mattina verso le nove, con tutta probabilità direttamente dall'aeroporto, perché infatti trascina un valigione enorme, e ha la faccia di una che ha passato la notte accartocciata in un sedile in classe supereconomica.

Pare che lì per lì neanche capisce la domanda, e lo guarda con gli occhi annebbiati dalla stanchezza e dal sonno, poi dice:

"Ma Sonia ha traslocato la settimana scorsa."

A quel punto Fabio è comprensibilmente più inebetito di lei, si guardano per un momento senza sapere che altro dire, poi Fabio balbetta:

"Ma come, traslocato? Così, all'improvviso?"

"No," fa lei, "non all'improvviso. È più di un mese che ha deciso di andare via."

Insomma, le cose stanno così: nel mentre che Fabio si angustiava perché la voleva lasciare, però non riusciva a dirglielo, Sonia, contestualmente, per quello che si può desumere, ha sentito odore di bruciato. Magari, facendo due conti, proprio quella sera di maggio del vestito multicolore e della bocca che galleggiava nell'aria.

E, zitta zitta, quieta quieta, ha levato le tende e le ha rimontate da qualche altra parte.

Dove, non è dato sapere.

"Capisci l'inganno?" mi fa lui, quasi in lacrime, mentre gli servo la quarta birra.

Ora, a parte il fatto che io questo lavoretto me lo vorrei tenere, e quindi non è che posso trascurare i clienti che qui vanno e vengono in continuazione, per stare a sentire daccapo un'altra volta i suoi lamenti, a parte questo, dico, nel presente caso, proprio non mi riesce di compatirlo e di empatizzare più di tanto.

Anzi, se devo essere sincero, più ci penso e più dentro di me mi congratulo con Sonia, perché mi sembra che per escogitare una vendetta precisa e perfetta di questo tipo ci vuole un gran fiuto e una mente machiavellica e, a mio parere anche del genio.

Mi fa pensare a quei film dove nel finale c'è la mossa decisiva, l'asso nella manica che ribalta completamente la partita, e tu stai coll'eroe della storia, che gliel'ha fatta a tutti sotto il naso, perfino se è un delinquente omicida plurimo e recidivo.

Figuriamoci poi nel caso di Sonia che, comunque, al di là di tutto, è una persona veramente ineccepibile e gentile.

Insomma, fatto sta che lui ora è disperato, e l'ama *come non ha mai amato prima*, e sarebbe pronto a fare qualsiasi cosa per riaverla, non solo la convivenza, ma anche il matrimonio religioso col mezzo *tait* e l'abito bianco con lo strascico, parenti tutti e zie coi cappellini e successivamente figli vari e feste comandate, e le ferie in agosto al mare sul litorale tirrenico.

A ogni modo, logicamente, per quanto sia, non è che la latitanza poteva durare eterna, quindi, in capo a tre o quattro settimane, si hanno notizie di Sonia.

Complici amici e genitori, si riesce a sapere dove sta, e cioè nell'appartamento alla cui visita ero andato anch'io, e che, giustamente, essendo un'occasione imperdibile, da quella donna accorta che ha dimostrato di essere, Sonia non si è lasciata sfuggire.

Ma tanto è tutto inutile, perché di tornare con Fabio proprio non se ne parla e lui, fra pianti e birre, prima o poi dovrà farsene una ragione.

Per quanto mi riguarda, tutta questa storia e il suo assurdo finale mi danno l'occasione di richiamare Elena, che non ho più sentito da quella sera che abbiamo litigato per via del fatto che, secondo lei, io cercavo di giustificare un amico che si dà il caso fosse, a suo insindacabile giudizio, *un essere abominevole e assolutamente indifendibile.*

"Scacco matto," fa lei tutta contenta, quando finisco di raccontare i fatti.

Ora, io sono del parere che quando c'è di mezzo una persona che soffre, uno il trionfo se lo dovrebbe godere in modo discreto e senza troppa visibile soddisfazione, ma stasera lascio correre, perché comunque mi fa troppo piacere vederla e aver fatto pace, anche se i termini dell'armistizio sono piuttosto a suo vantaggio.

Mi dispiace soltanto che non ci sia tempo per una cena, perché Elena deve scappare dopo l'aperitivo, in quanto è ancora abbastanza indietro con la tesi, e lei vuole assolutamente consegnarla al relatore entro la fine del mese.

"Ah," mi fa prima di alzarsi, "mi stavo dimenticando di darti questi."

E mette sopra il tavolo un pacchettino confezionato in fretta e furia con la carta di giornale che, quando l'apro, è una collezione di soldatini di piombo della prima guerra mondiale che io avevo lasciato a casa sua.

Non mi pare sia il caso di stare a puntualizzare che questa era una cosa fatta intenzionalmente, non come le scarpe o il dopobarba, e cioè un regalo che avevo pensato di lasciarle perché lei diceva sempre che questi soldatini erano fatti molto bene, *con grande cura del dettaglio*, e che si divertiva a starli a guardare, in quanto scopriva sempre una cosa che prima non aveva notato, il grilletto di una carabina o la fibbia di un cinturone.

Forse glielo dovevo dire a suo tempo, ma io sono fatto a modo mio: quando regalo qualcosa, non dico mai *tieni, ti ho fatto un regalo*, faccio sempre finta che è una cosa così, che mi è capitata fra le mani, oppure, come in questo caso, che mi sono dimenticato di riprenderla.

E allora quell'altro magari qualche volta non realizza, e conseguentemente può essere che neanche ti ringrazi, che a me in definitiva mi va bene, ed è precisamente la ragione per cui opto di preferenza per questa modalità.

E quindi, prendo il pacchetto e dico:

"Grazie."

E poi:

"Ciao, ci sentiamo," tendendole la mano, che è un gesto ridicolo e mi fa sentire stupido, penso che forse un bacio sulla guancia sarebbe stato meglio.

Ma ormai è troppo tardi, perché lei si sta già allontanando, con lo zaino sulle spalle e il casco integrale che copre quasi del tutto i suoi capelli.

Il cercatore di funghi

Interludio per voce maschile

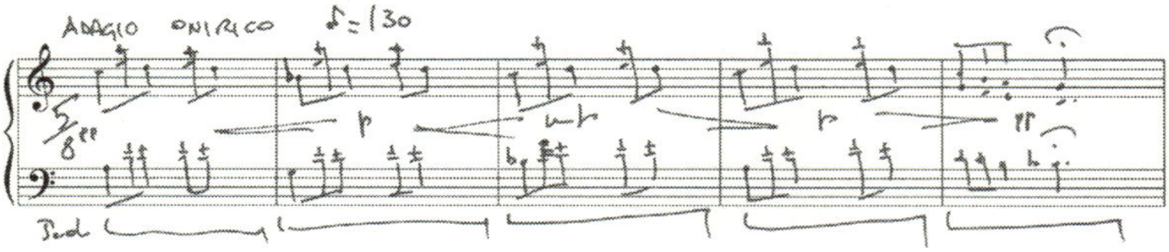

Che bella casa. Che bella festa.

Le sale ampie con gli alti soffitti a cassettoni si susseguono, senza inutili raccordi di disimpegni o stretti corridoi, lungo i quali i numerosi invitati rischierebbero di accalcarsi.

Con quanta allegra disinvoltura ci spostiamo invece da una stanza all'altra, attraverso immense porte di legno dipinto, spalancate su scenari sempre diversi, in una successione che sorprende, ma non turba l'armonia.

Gli ambienti, già splendidi, sono stati decorati per l'occasione con gusto davvero raffinato, niente colori sgargianti, niente festoni pacchiani.

Sull'argento opaco dei vassoi, che camerieri impeccabili fanno girare con discrezione, brillano tenuemente, e tintinnano, esili calici di cristallo, e meravigliose composizioni di tartine e canapè sono disposte su tavolini bassi in ogni angolo delle stanze.

La luce degli enormi lampadari è stata dosata con ammirevole sapienza, in modo da potenziare solo impercettibilmente quella delle molte candele poste qua e là in sobri candelabri di metallo brunito, cosicché possiamo riconoscerci senza sforzo, eppure apparire gli uni agli altri nel nostro aspetto migliore.

Una musica che sembra venire da lontano, da chissà dove, accompagna conversazioni pacate e piacevolmente animate, senza sovrastarle, e tutti ci sentiamo perfettamente appagati.

Essere qui, ne siamo coscienti, è uno straordinario privilegio, che tuttavia ciascuno di noi sente orgogliosamente di meritare.

Per quel che mi riguarda, la bellissima serata, le donne eleganti e il vino eccellente mi hanno messo in uno stato di sognante euforia.

Molte cose eccitanti potrebbero ancora accadere prima dell'alba, che si sta probabilmente avvicinando, per quanto lo consente il cielo ricoperto di nubi.

Aspettative gioiose, seppure indefinite, mi invogliano a esplorare questo luogo, dove ogni angolo svela una nuova, seducente sorpresa.

Ed ecco, infatti:

nel salone grigio-azzurro, la grande portafinestra a riquadri vetrati si apre inaspettatamente su una magnifica terrazza, dove i rami di piante sontuose e insolite si protendono sui sedili di pietra, creando una suggestiva atmosfera di esotica intimità, alla quale è impossibile resistere.

Mi trovo qui da qualche minuto, o forse da mezz'ora, quando…

So che non sarò creduto.

Di sicuro mi si dirà che il contatto con la superficie scabrosa della panchina sulla quale sono seduto, e le grandi foglie scure, e l'umidità della notte al principio dell'autunno, per affinità, o per analogia… massi, e bosco, e muschio… certo, non voglio negarlo, potrebbe anche essere – perché no? – suggestione, sì, forse.

Fatto sta che nella penombra riconosco a un tratto l'inconfondibile fisionomia del solitario cercatore di funghi.

Non può trattarsi di nessun altro.

Là dentro nelle grandi sale ho visto, è vero, qualche stravagante sconosciuto.

Ricordo bene, per esempio, un uomo alto con un nero cappello floscio, e anche un signore anziano con un giaccone di tela ruvida, ma certo nessuno che indossasse, come quest'uomo che si aggira fra le piante, pesanti scarponi infangati, nessuno che avesse il passo cauto, lo sguardo chino e attento, che avanzasse con un lungo bastone, o tenesse in mano un piccolo coltello, o addirittura portasse appesa al braccio una cavagna.

Liberi di non credermi, naturalmente.

Faccio soltanto notare che, in generale, non sono un visionario. Concedo ai sogni quel tanto che basta per dare a una vita nel complesso più che soddisfacente un brivido supplementare.

Eppure il cercatore di funghi è qui, davanti a me.

E, benché lui non mostri in alcun modo di aver notato la mia presenza, io sono assolutamente certo di vederlo.

La cosa è strana, lo ammetto.

So benissimo che la terrazza di un antico appartamento nel centro storico di una popolosa città, per quanto vasta e ricca di piante rigogliose, non è una foresta di castagni o di faggi, che un lastricato di pietra non è minimamente un sottobosco, che i sedili e le panchine sono sedili e panchine, e di sicuro non rocce cosparse di muschio. Dio mio, non ho bevuto abbastanza da perdere completamente il senso della realtà!

Sì, però… si pensi a questo:

il solitario cercatore di funghi ha dalla sua il fatto incontestabile che abbiamo avuto dieci giorni di pioggia ininterrotta e senza vento, che la temperatura si è mantenuta costante intorno ai venti gradi e che, quindi, con un po' di ostinazione e di fortuna, seminascosti fra le foglie rosso e oro…

Questi sono argomenti che, a mio parere, sarebbe sbagliato sottovalutare.

Casomai, ecco, non mi spiego un'altra cosa.

Un sentimento penetrante, insinuante, pervicace, che potrebbe essere nostalgia, ma anche acuta, dolorosa attesa.

Di che cosa?

Me lo chiedo, ma non so come rispondere.

Solo, mi sembra – sia detto in un sussurro – che ci sia molto da imparare dal solitario cercatore di funghi.

Controvoglia

Racconto, confessioni di una ragazza

Dice che potrebbe farmi bene.

Dice che non importa come racconto le cose, se in ordine cronologico o in ordine sparso.

Dice che l'importante è non tenersi tutto dentro.

Però la prima volta che ci ho provato è andata a finire che per cinquanta minuti ho parlato soltanto di lei.

E allora lui mi fa:

"Facciamo una cosa, lei qui dentro può parlare di tutto, tranne che di Betta."

Così, ora mi ero ripromessa di non nominarla, ma dovevo pur dire qual era il patto, e quindi l'ho nominata, e quindi ho rotto il patto. Però solo per spiegare che c'era un patto, e qual era il patto: non nominare... Betta.

Ricomincio da qui.

Per esempio: sto facendo la fila da qualche parte, mettiamo che si tratti di un negozio, di un grande negozio di generi alimentari... non so se fosse necessario aggiungere *di generi alimentari*, questo è uno dei miei problemi: quando parlo, o quando scrivo, non so mai cosa è necessario dire e cosa è superfluo, la lingua è veramente troppo vasta, come i menù di certi ristoranti turistici un po' dozzinali, e io infatti non so mai cosa scegliere, per cui in genere vado a caso, oppure ordino quello che ha appena ordinato il mio vicino di tavola.

Comunque per me non ha importanza, ognuno resta libero di immaginare il negozio che vuole, purché sia molto grande e ci sia molta folla.

Qualcuno, poniamo che sia una donna, una donna con una grossa sporta e capelli grigi dal taglio approssimativo, ecco, questa donna sta aspettando il suo turno diversi metri più avanti, e a un certo punto si volta, senza una ragione precisa, mi riconosce, e mi saluta con un grande sorriso.

Io al momento non so chi sia, ma questo non significa molto, perché non sono particolarmente fisionomista.

Non è che la gente non mi interessi, no, io credo che anche questo si spieghi con un altro dei miei problemi: per me ogni persona è, prima di tutto, qualcuno che vuole mettermi alla prova, come un enorme enigma, pieno di minacciose incognite e invisibili leve e bottoni dei quali non ricordo mai il funzionamento, per cui ho sempre paura che, se azionassi quelli sbagliati, potrebbero derivarne conseguenze terribili.

E allora la coscienza del pericolo genera in me un immediato stato di panico, che rende assolutamente impossibile l'identificazione del soggetto che mi trovo di fronte.

Comunque sia, spesso non riconosco le persone, soprattutto se si trovano fuori dal contesto abituale e, per quanto ne so, questa donna dai capelli grigi potrebbe appunto trovarsi fuori dal suo contesto abituale, visto che non ho idea di quale possa essere questo contesto, tanto più che, nel caso specifico, si tratta di una donna ipotetica, per cui mi domando se fosse veramente indispensabile precisare che ha una sporta e i capelli grigi.

Forse basterebbe dire che si è voltata, mi ha vista, e mi sta salutando.

Io rispondo al saluto, cercando di riprodurre il grado di cordialità che esprime il suo sorriso nel modo più elementare, ossia mediante un sorriso altrettanto cordiale.

Da lontano la signora (come tutti noi, non vuole perdere il suo posto nella fila) dice qualche parola che io non riesco ad afferrare. Allora cerco di farle capire a gesti che purtroppo non sento, perché siamo troppo distanti, e nel negozio c'è un gran frastuono, ma la signora continua a parlare come se niente fosse.

I miei vicini mi vedono sorridere e gesticolare, prima mi guardano con indifferenza e poi con imbarazzo, fino a che mi rendo conto (nella migliore delle ipotesi nessuno mi ha bussato sulla spalla per segnalarmi il mio abbaglio) che la signora stava parlando con la persona che è dietro di me – direi che sul suo aspetto possiamo soprassedere.

Ecco, questo è il genere di cose che capitano a me.

Un'altra cosa che mi capita spesso è questa. Tavolata. Discorsi che si intrecciano, risate.

Voglio piazzare una battuta, può trattarsi di un ricordo, o di un aneddoto che mi sembra pertinente, però devo aspettare una flessione del baccano che mi circonda, perché gli altri possano udirla. Ma ogni volta che provo a buttarmi, l'onda spumeggiante delle voci e delle risa mi ricaccia indietro o mi sommerge.

Dicono che sono timida.

Può anche darsi che sia vero, ma in ogni caso la mia opinione è che la timidezza non spieghi tutto. Né i problemi ai quali ho accennato, né molte altre cose delle quali vorrei parlare, se riesco a stabilire in che ordine conviene metterle, perché risultino comprensibili e formino un insieme coerente.

Che sono timida lo dicono in famiglia, e anche le mie amiche lo pensano.

Le mie amiche sono essenzialmente cinque: oltre a Betta, ci sono Anna Maria, Esmeralda, Patrizia e Gabriella, tutte ex compagne di scuola fin dalle elementari.

Tranne Betta, che invece è una mia conoscenza estiva, in vacanza al mare, cinque anni fa.

Giuro che avevo intenzione di tenerla momentaneamente fuori dalla mia descrizione, ma ecco che invece rientra qui di prepotenza, dovendo io precisare che, in una certa misura, fa anche lei parte del gruppo.

E secondo me questo suo rientrare di prepotenza non è un caso.

Bisognerebbe riuscire a trattenere saldamente per la briglia anche i cavalli più focosi, così farebbe certamente un narratore esperto; io invece comincio a raccontare, e subito i personaggi mi prendono la mano, hanno le loro esigenze e i loro appetiti, a certe personalità molto forti io non so come resistere.

Comunque, sono io che ho introdotto Betta nel nostro gruppo.

È stata una decisione sofferta perché, secondo i miei calcoli, vi erano certo molti argomenti a favore, ma anche una forte controindicazione.

Gli argomenti a favore eccoli qui: Betta è bella, brillante e disinvolta.

Tutte queste qualità, ragionavo all'epoca, più o meno tre anni fa, avrebbero indirettamente influito sulla considerazione che le altre avevano per me, perché io avrei presentato Betta come mia amica, e siccome nell'amicizia c'è sempre un certo grado di reciprocità, loro sarebbero state indotte a supporre che alle lampanti qualità di Betta corrispondessero qualità mie, che magari fino a quel momento non erano risultate altrettanto lampanti, ma che ora si poteva aspettarsi di vedere emergere.

Una specie di *pagherò*, insomma, con Betta come garante.

La controindicazione invece era questa: il rapporto privilegiato che io avevo con Betta avrebbe potuto essere messo in pericolo dalle altre. Poteva avvenire subito, al primo approccio, oppure a poco a poco, con il tempo; se, per esempio, l'ammirazione che Betta avrebbe fatalmente suscitato, anziché tradursi in un incremento della considerazione del gruppo per me, avesse rivelato a Betta la sua superiorità, facendo precipitare il suo interesse nei miei confronti.

Non si può mai prevedere con certezza come andranno certe cose.

Invece, a conti fatti, direi che ha funzionato.

Forse perché non c'è stata fusione, non c'è stato amalgama: c'è il gruppo, ci sono io, dentro il gruppo o fuori dal gruppo, secondo le necessità e le circostanze, e c'è Betta, non veramente dentro il gruppo – direi per sua scelta – nel senso che è come se lei e le altre non parlassero davvero la stessa lingua, cosicché io ho in sostanza mantenuto il mio ruolo, integrandolo con quello di interprete o di messaggero fra Betta e le altre...

L'ho fatto, lo so.

L'ho nominata molte volte.

Ma lo rivendico, è un mio diritto.

Questo non è uno studio di analista, questo è un mio spazio, e io ci faccio entrare chi mi pare, non ci sono patti da rispettare.

Però mi viene all'improvviso il sospetto che questa premessa sia del tutto inutile.

Non riesco ad arrivare al dunque.

Certe persone che io conosco, le mie amiche, per esempio, non si perderebbero d'animo, conserverebbero il controllo. Cancellerebbero quanto scritto finora e ricomincerebbero da capo, eliminando il superfluo, correggendo gli errori.

Per me non è così semplice.

Immaginate una fitta lancinante al fianco, come l'aprirsi di una ferita dalla quale sgorghi sangue in abbondanza, che non si riesce a fermare, per cui ci si sente sempre più deboli, quasi sul punto di svenire…

Attualmente non so bene dove mi trovo.

Anche ammesso che in partenza fossi in possesso di un regolare biglietto per una certa tratta, con diverse stazioni intermedie e una stazione di arrivo, sono certamente salita sul convoglio sbagliato e sono scesa non so dove, probabilmente a metà percorso – un incidente lungo la linea, o forse un semaforo rosso – fuori dal centro abitato, in un posto sconosciuto, in mezzo ai binari, di notte, niente segnaletica, né sottopassaggi, tutto intorno buio e silenzio, e il treno si allontana sferragliando e io rimango qui, sola, e non so dove andare.

Scendere è comunque stata una buona idea. Meglio che viaggiare verso una destinazione ignota, stipati dentro uno scompartimento soffocante, strapieno di parole inutili. A ogni stazioncina, altre parole vociferanti che salgono sgomitando, accalcandosi, spintonandosi in modo indecoroso.

Ci metto in mezzo un silenzio lungo una notte e riparto.

La cosa è nata come uno scherzo, e quindi lì per lì non mi pareva il caso di fare resistenza, non volevo mostrarmi poco sportiva.

Dopodiché, era già troppo tardi.

All'inizio, veramente, contavo su Betta, che sembrava non ne volesse sapere.

Inoltre la testa mi girava, perché era piena di sensazioni e di ricordi che ogni momento risalivano su, come quando hai mangiato qualcosa che non riesci a digerire... però non so se è un buon esempio, perché questa era una condizione estremamente piacevole, come uno stato di ebbrezza, o di gradevole torpore, dal quale ti tiri fuori a fatica per non rimanere indietro, ma che poi ti sommerge di nuovo e non puoi farci niente.

Per spiegarlo bene, dovrei scriverlo in Musica.

Ci sarebbe il cameriere senza lineamenti né corporatura né colori che urla:

"Capricciosa senza funghi! Capricciosa senza funghi!" sopra il frastuono delle voci.

E, simultaneamente, in un diverso pentagramma, io che sento e vedo Giovanni, e i nostri baci, e poi immagino domani, e riascolto le sue parole, mentre gli altri strumenti, e cioè Anna Maria, Betta, Esmeralda, Patrizia, Gabriella e il cameriere vanno avanti, ciascuno con il suo timbro peculiare, *Chi ha chiesto la capricciosa senza funghi? Io no... io no...*

E, sopra o sotto nella partitura, ancora Giovanni che mi bacia sul collo, e un brivido lungo e caldo, mentre sorrido guardandomi intorno e sembra che sia perfettamente cosciente di tutto, e invece l'impazienza del cameriere grondante sudore è appena un frammento del presente, che mi trasporta immediatamente, per analogia, a noi due sudati questo pomeriggio, carezze e ancora baci, e finalmente Betta fa:

"Mi sa che l'hai ordinata tu."

E tutte scoppiano a ridere, e io arrossisco, e Giovanni scompare per un attimo, per un attimo solo, il tempo per me di dire:

"Scusate, ero distratta," e tutte di nuovo a ridere, e Anna Maria commenta:

"Ce n'eravamo accorte," e ancora uno scoppio di risa, e riecco Giovanni al centro della scena, ormai visibile a tutte, anche se nessuna di loro lo ha mai incontrato.

A questo punto sarebbe bastato dire… non so che cosa.

Perché questo è un altro dei miei problemi: io non ho la battuta pronta, e non ho il senso dell'umorismo.

Cioè, sono come un tale che cammina lungo un corridoio e si trova di fronte a una porta. Improvvisamente, sente dei passi dietro di sé, crede di essere inseguito, e allora è preso dal panico e non riesce ad aprirla. Prova e riprova, ma la porta sembra chiusa a chiave, e invece è solo un'impressione, basterebbe girare la maniglia e sarebbe fatta, la battuta spiritosa verrebbe fuori senza alcuna difficoltà.

Si tratta di un ostacolo mentale, insomma, che però sul momento è insormontabile, e si sa che l'umorismo è per l'appunto questione di ritmo, quelli ti sono addosso in un attimo, non è che ti puoi prendere i tuoi tempi.

Riguardo a questo, credo che qualcosa si sia bloccato molti anni fa, quando ero una bambina grassa e tutti si aspettavano perciò che io fossi buffa.

Sentivo questa attesa ogni volta che parlavo, ogni volta che mi muovevo. Non sono mai riuscita a trasformare la mia goffaggine in un elemento di comicità.

Ansia da prestazione, credo.

Ho cominciato a dimagrire durante l'adolescenza, fondamentalmente, penso, per sottrarmi a questa aspettativa.

Ora che sono magra, e anche piuttosto carina, le cose vanno nettamente meglio.

Ma non c'è dubbio che la mia fortuna è stata incontrare Betta...

Vale davvero la pena di soffermarsi a constatare che ho scritto il suo nome molte volte?

Libere associazioni, non preoccuparsi dell'ordine logico o cronologico, si è detto.

Ma che senso avrebbe se poi dovessi cambiare strada ogni volta che il corso dei miei pensieri mi porta a imbattermi in Betta?

Ora, per esempio, non potrebbe essere altrimenti, perché al termine della serata, poco dopo la mezzanotte, stiamo rientrando insieme a casa.

Betta e io abitiamo a poche centinaia di metri l'una dall'altra. È una cosa che abbiamo scoperto solo dopo esserci conosciute al mare, e mi è sempre sembrata una fortunata coincidenza e forse un segno, come se il destino avesse stabilito che dovevamo continuare a frequentarci anche una volta finite le vacanze.

"È un'idea molto stupida," dice Betta dopo un silenzio.

Sul momento, nemmeno capisco di che cosa sta parlando.

Sto osservando la sua ombra slanciata e armoniosa, proiettata davanti a noi sul marciapiede. Alla mia, più piccola, e intabarrata in un soprabito un po' troppo voluminoso, do appena una sbirciata – anche con gli specchi faccio così, un'occhiata veloce e via, ho sempre paura di vedere qualcosa che non mi piace.

Poi capisco, e sono un po' stupita e anche sconcertata, mi era parso che Betta a tavola avesse già liquidato la trovata di Esmeralda come una cosa risibile e puerile, e pensavo – speravo – che non saremmo più tornate sull'argomento.

Aggiunge:

"Davvero vuoi fare un esperimento del genere?"

Rewind.

Ritorno con la mente nella pizzeria.

Voci, frastuono, cameriere impaziente e sudato. Vertigine di baci e di carezze e parole sussurrate. Riemergo, giusto in tempo per reclamare la mia capricciosa senza funghi.

Risate.

Per quanto mi sforzi, non riesco a ricordare l'allusione o la battuta che può avere scatenato l'interrogatorio caotico e scherzoso al quale mi trovo sottoposta. Ma direi di poter escludere di averla pronunciata io, e anche che l'abbia pronunciata Betta, della quale ricordo invece il sorriso ironico, o forse solo enigmatico, che infatti non so come interpretare, cioè se sia un incoraggiamento, oppure, al contrario, un invito a stare in guardia.

Forse è stata Anna Maria.

O forse Gabriella.

Poi Esmeralda dice:

"Bisognerebbe metterlo alla prova."

E qui, un intrecciarsi di suggerimenti e altre risate e invenzioni di macchinazioni e stratagemmi, fino a che Betta fa, citando l'Ariosto, che è una nostra passione comune:

"Ben sarebbe folle chi quel che non vorria trovar, cercasse..."

E poi spiega che, secondo lei, nessun uomo è davvero in grado di resistere agli assalti di una donna piacente, abile e determinata, per quanto innamorato di un'altra e intenzionato a rimanerle fedele.

Fin qui, come ho già detto, il tono è quello dello scherzo, e io non me ne curo più di tanto, solo mi dispiace che i ricordi e le sensazioni (io e Giovanni questo pomeriggio abbracciati, sudati) comincino a sbiadirsi, a perdere di intensità.

Poi lo scherzo diventa una discussione abbastanza accesa, quasi uno scontro – non drammatico, certo – fra due fazioni: quelle che non credono alla fedeltà maschile (fra le quali Betta), e quelle che invece pensano che un uomo davvero innamorato sia in grado di resistere a ogni tentazione.

Io mi schiererei volentieri con questa seconda fazione, ma non lo faccio per due ragioni: la prima è che non mi piace dissentire da Betta, e la seconda è che la fazione più romantica è anche la più accanita nel voler provare di essere nel giusto, mentre invece le più scettiche e razionali ritengono qualsiasi dimostrazione assolutamente superflua.

Può darsi che la mia dichiarata adesione alle opinioni delle più scettiche suoni troppo fiacca e incerta.

Fatto sta che qualcuno (forse Esmeralda stessa) insinua che io non voglia sottoporre Giovanni alla prova che viene proposta – i cui dettagli stanno precisandosi nel corso della discussione – non tanto per le mie disincantate convinzioni generali sulla fedeltà maschile, quanto per mancanza di coraggio, cioè perché non me la sento di affrontare il rischio – peraltro molto esiguo, secondo l'opinione della fazione risolutamente romantica.

Credo di essermi descritta a sufficienza, dovrebbe essere agevole intuire che non sono un tipo competitivo.

Le sfide non mi stimolano, tendo piuttosto a lasciarle cadere, non m'importa che le altre si sentano superiori a me, mi piace non suscitare gelosie o invidie, mi piace sentirmi innocua.

Bisogna che io aggiunga però che ogni tanto sogno che una belva sanguinaria e feroce ha preso possesso della mia stanza da letto. Mi avvicino alla porta e la sento aggirarsi famelica, con spaventosi ruggiti.

Mi sveglio da questi sogni con uno strano sentimento di euforia misto a terrore, e in genere ho bisogno di una mezza giornata buona per tornare a essere me stessa.

Racconto questo perché so che potrebbe anche esserci uno scollamento fra la mia indole e i miei comportamenti.

Giusto per far capire che il modo in cui gli altri mi descrivono, e il modo in cui io stessa mi descrivo, non sono necessariamente…

Ma è meglio attenersi ai fatti, in pizzeria, dopo le risate e la battuta di Esmeralda, e il dibattito che segue.

C'è questa insinuazione che è, in effetti, una vera e propria provocazione da parte di Esmeralda, ma potrei anche sbagliarmi.

Come ho cercato di spiegare, posso tranquillamente soprassedere di fronte a questo genere di sfide, e far finta di niente.

Solo che qui c'è di mezzo Betta.

Perché a un certo punto, mentre da una battuta all'altra si tratteggia il ritratto della ragazza che potrebbe servire da esca per il tranello che stiamo immaginando, viene fuori che sembra corrispondere in tutto e per tutto a Betta, non soltanto perché Betta è bella, affascinante e intelligente, ma anche perché il rapporto di amicizia che la lega a me è tanto solido e profondo da escludere qualunque rischio reale.

Lei di sicuro saprebbe fermarsi immediatamente *al di là di ogni ragionevole dubbio*, certo non vorrebbe spingersi più avanti, e inoltre il suo affetto per me garantirebbe l'assoluta veridicità dei suoi resoconti...

No, non... Questo è addirittura... mi sembra assurdo.

Dice che potrebbe essere tutto falso.

Quello che ho scritto finora.

Cioè che io potrei aver alterato i fatti.

Anche se non intenzionalmente, non coscientemente.

In particolare per quanto riguarda questa notte, mentre Betta e io tornavamo insieme verso casa. Potrebbe, in pratica, non essere vero che Betta abbia rilanciato, dicendo di punto in bianco *mi sembra un'idea molto stupida*, come io ho riferito poco fa.

Anzi, dice che sarei stata io stessa a riproporre l'idea introdotta da Esmeralda a cena, e che la battuta di Betta sarebbe venuta solo dopo, come un commento, peraltro piuttosto aspro e definitivo.

Si tratterebbe, insomma, di un falso ricordo.

Ho letto che alla Northwestern University di Evanston, nell'Illinois, stanno studiando la possibilità di instillare falsi ricordi nella mente delle persone durante il sonno.

E che, a prescindere da queste spericolate sperimentazioni scientifiche, esisterebbe una facoltà del genere in ognuno di noi, e l'incidenza e la pervicacia di queste intrusioni di ricordi fittizi varierebbero secondo il livello di soddisfazione che un individuo è in grado di ricavare dall'esperienza reale.

Io non so che pensarne.

Comunque sia, non vi è ragione di credere che la battuta di Betta, *mi sembra un'idea molto stupida*, al di là della sua effettiva collocazione, sia stata in qualche modo contraffatta, e quindi possiamo prenderla per buona.

In ogni caso questa versione dei fatti, la cui attendibilità è tutta da dimostrare, non può essere semplicemente raccontata.

Cioè, non con le parole.

Perché le parole, mi pare di averlo già detto, non si può far altro che metterle ordinatamente una dietro l'altra, in fila indiana, e come può una linea descrivere lo spazio? E allora arranchi faticosamente sulle tue rotaie, facendo attenzione a non deragliare, e intanto le cose sono ovunque, come farfalle che svolazzano di qua e di là, e quindi a che serve che io…

Dice che comunque ci devo provare.

Dice che è importante.

Dice, anzi, che è addirittura fondamentale.

Ma allora, se voglio cercare di raccontare le cose come stanno, quello che Betta e io ci siamo dette, qualunque cosa sia, non basta.

Ci devo mettere tutto il resto.

Le nostre ombre proiettate sul marciapiede, delle quali ho già fornito una non completa descrizione, la notte, il rumore dei nostri passi, e poi altri suoni intorno, il modo in cui siamo vestite, il freddo, la farmacia con la croce verde e la luce intermittente, due passanti curiosi solo di Betta, un palazzo con un androne squallido, pensieri, chiazze d'olio sull'asfalto, motorini.

Ma tutto insieme, mica una cosa per volta.

Come una sinfonia.

La risposta di Betta, comunque, è conclusiva.

E io, certamente, non insisto, questo lo posso affermare con assoluta sicurezza.

Non sulla base di ricordi, dei quali qui si mette in dubbio l'autenticità, ma servendomi di un argomento che è assolutamente inconfutabile: quando Betta dice che una cosa è stupida è una sentenza, inappellabile e perentoria.

Ti guarda negli occhi, non in superficie, ma come *in fondo* agli occhi.

E il suo sguardo non si limita ad accompagnare le parole, ma piuttosto le *scorta*, e per un pezzo rimane lì a sorvegliare che siano arrivate a destinazione senza incidenti, senza incontrare ostacoli.

Per cui nessuno si azzarderebbe a contestarle, sarebbe come sfidare Betta a duello e, per quanto mi riguarda, credo sia ormai abbastanza chiaro che questa è l'ultima cosa che io vorrei fare.

Ammesso e non concesso, quindi, che le cose siano andate come ho appena detto, cioè che io, obbedendo a misteriose pulsioni, abbia spontaneamente reintrodotto il tema del tranello e riproposto a Betta di servire da esca, non ci sono dubbi sul fatto che la sua risposta e il suo sguardo mi abbiano definitivamente dissuasa dal tentare ancora di coinvolgerla nella trama che le nostre amiche si erano divertite a immaginare.

Probabilmente è del tutto superfluo riferire di come ci siamo salutate davanti al mio portone, che ho aperto con qualche difficoltà perché la chiave è difettosa, e poi ho chiuso alle mie spalle, e poi ho riaperto qualche secondo dopo per guardare Betta allontanarsi con lentezza, come se stesse passeggiando fra la gente in una bella giornata di sole, e non invece rientrando a casa, sola, in una notte piuttosto fredda.

Non so se sia necessario dire che ho contato gli scalini da piano terra al terzo piano, d'altronde è una cosa che faccio sempre, benché il loro numero non possa variare, se non per effetto di una distrazione, che è appunto quello che è successo questa volta, e allora ho dovuto ricominciare, scendere e risalire, fino a che non ne ho contati esattamente sessantasei.

Se si eccettuano un maledetto sonaglio cinese che mia madre ha appeso alla porta perché le segnali il mio rientro, e che infatti la sveglia, e le due parole che lei e io ci scambiamo a distanza per augurarci la buonanotte, mi pare che non ci sia altro da dire, a parte una certa spossatezza, e il fatto strano e triste che le sensazioni così forti del pomeriggio con Giovanni hanno perso la loro brillantezza, si sono definitivamente sbiadite, come fossero state immerse per ore in un bagno di candeggina.

Passo direttamente a questo.

Innumerevoli corridoi e anfratti, male illuminati e piuttosto angusti, come una specie di castello fosco e cadente, e nel giardino del castello una donna dall'aspetto di una zingara, ma anche un po' simile a Esmeralda, con lunghi capelli rossi e ricci (*Esmeralda, zingara*... forse qui ci sarebbe un riferimento da esplorare), e questa zingara vuole assolutamente vendermi una lunga collana, e io alla fine mi lascio convincere a provarla, ma quando voglio togliermela non riesco a liberarmene, è diventata molto pesante, e le maglie della catena si sono impigliate ai pendagli che hanno la forma di piccoli rostri.

Allora io corro via in preda al terrore, e Giovanni mi passa accanto senza riconoscermi, forse ho cambiato aspetto, forse non sono più io.

Lo chiamo, ma dalla mia bocca, invece di suoni, escono piume gialle e bianche, soffici e piccole come piume di pulcino, e Giovanni si allontana camminando allegramente, senza far caso a me, e sorride a qualcuno che non vedo.

Non il solito sogno della belva assetata di sangue barricata nella mia stanza, quindi, ma una cosa diversa che, per qualche ragione, il giorno dopo mi fa litigare con Giovanni.

Per cui, al concerto non ci vado.

E mi dimentico completamente che ho dato appuntamento a Betta nel piazzale davanti al Centro Sociale dove lui deve suonare, e dove contavo appunto di presentarlo a Betta.

Perché non rispondo al telefono? Perché sto dormendo: alle otto e mezza crollo dal sonno, e mi stendo sul letto per recuperare il riposo che la notte precedente è stato breve e interrotto più volte, in quel labirinto di corridoi e anfratti pieni di angoscia e di ombre minacciose dietro ogni angolo.

Alle due meno un quarto comunque mi sveglio all'improvviso, e faccio subito un salto al Centro Sociale, che ora mi appare abbastanza somigliante al castello fosco della notte precedente.

Mi fermo ad aspettare sul piazzale.

E quando li vedo uscire in mezzo a tanti altri, ragazzi e ragazze che sembrano perfettamente al loro posto, lui leggermente frastornato che risponde ai saluti e si aggiusta la chitarra sulle spalle, e lei un po' in disparte, con le mani nelle tasche del cappotto, che osserva tutti nel suo modo lontano e penetrante, mi viene naturale nascondermi dietro un cassonetto, e da lì guardarli mentre vanno via, Betta e Giovanni.

Fino a che non svoltano in una stradina laterale, dove riesco benissimo a immaginarli, sotto gli alberi, che camminano vicini, parlando a voce bassa.

Finito di stampare nel mese di aprile 2018
presso
Grafica Veneta S.p.A.
Via Malcanton 2 – Trebaseleghe (PD)

Printed in Italy